极限思考

开启财富破局思维

陈注胜/著

经济管理出版社

ECONOMY & MANAGEMENT PUBLISHING HOUSE

图书在版编目（CIP）数据

极限思考：开启财富破局思维/陈注胜著. —北京：经济管理出版社，
2020.6
ISBN 978-7-5096-7139-9

Ⅰ. ①极… Ⅱ. ①陈… Ⅲ. ①化妆品—品牌—企业管理
Ⅳ. ①F416.78

中国版本图书馆 CIP 数据核字（2020）第 093404 号

组稿编辑：勇　生
责任编辑：勇　生　王　洋
责任印制：黄章平
责任校对：张晓燕

出版发行：经济管理出版社
　　　　　（北京市海淀区北蜂窝 8 号中雅大厦 A 座 11 层　100038）
网　　址：www.E-mp.com.cn
电　　话：（010）51915602
印　　刷：三河市延风印装有限公司
经　　销：新华书店
开　　本：720mm×1000mm/16
印　　张：10.5
字　　数：77 千字
版　　次：2020 年 9 月第 1 版　2020 年 9 月第 1 次印刷
书　　号：ISBN 978-7-5096-7139-9
定　　价：48.00 元

前言

在生活中，我们常常会遇到这三种人：第一种是知错能改的人；第二种是不知错也不知改的人；第三种是知错却不知道如何改正的人。

社会精英往往是第一种人，生活不如意者往往是后两者。精英与非精英的差别在于是否拥有极限思考的能力，而精英与非精英的第一个分水岭，便从大学求学、就业开始初显征兆。

某权威部门对大学生就业及后续的成就做过调查，发现一开始就有职业规划，并明白自己未来想要什么的大学生，其薪水和成就都要高于没有职业规划、没有明确目标的大学生。本书不是一本指导就业的书，笔者只是提醒一下：也许你还在梦中，不妨读一下关于怎么思考的书，也许你就能从梦中醒来。你就能明白想破脑袋也不理解的那些"不合常理""看不明白"的事情。届时，你也能以大学作为分水岭，把其他人远远地甩开。

无论是学生，还是企业老板，当遇到生活、工作上的问题无法解决时，有没有一套行之有效的思考方法，可以像小刀切黄油般轻松地把问题解决掉？

问题就是答案，所有的问题都有迹可循，关键在于你能否发现这个"迹"。有的人靠勤奋成功，有的人靠真诚成功，有的人靠天赋成功，有的人靠人脉成功，有的人靠运气成功。无论哪种类型的成功，都离不开思考。就连靠运气成功的人也是如此，因为运气从不会留给没有准备的人。而有所准备的人，都是勤于思考、未雨绸缪的人。

本书是笔者通过对自己多年的一些思考进行梳理，总结的一些关于如何思考的心得。本书不敢自夸能叫醒那些还在愁苦烦恼的人，也担心让大家贻笑大方，因此只是抛砖引玉，也顺便留作笔者多年思考结晶的纪念，同时还用于与一些志同道合的朋友相互交流。

目录

第一章 思考因热爱走得更远，财富因内心召唤而萌发

第一节 是什么让你爱你所爱

热爱才会聚焦，聚焦才会深入，深入才会引发更深度的思考。

乔布斯是苹果公司的创立者，是美国最伟大的创新领袖之一，被世人誉为改变世界的天才。他读大学的时候，看不到所选专业的价值，于是决定退学。在退学期间，他被那些极具个性的美术字体所吸引，于是选修了这类课程。在当时，这些课程对他毫无用处，他也无法思考出这些东西今后会给他带来何种回报，但他就是这么"一往情深"地投入了进去。

冥冥之中仿佛有着天意的安排，毫无用处的一段学习经历，只是凭着一腔热情投入进去，结果在十年后，当他创建的苹果公司要设计 Mac 电脑时，这些美术字体的学习经历派上了用场。

如果没有当初的所爱，乔布斯不会为世人呈现出具有颠覆性的个人电脑的图形界面。

人们常说，"三岁看大，七岁看老"。昆虫学家法布尔从小就喜欢观察昆虫，科学家牛顿从小喜欢做各种实验……

也许有人觉得这些名人的案例有以偏概全之嫌，那我们以身边普通人来讲，笔者的邻居从小就对食物很讲究，比较挑食。别的小孩挑食是不喜欢吃某种食物，而他挑食并不是不喜欢这种食物，而是这种食物此刻没有做好，他要吃烧得好的，自己也特别喜欢做菜。长大之后他做过很多工作，大都做不好，半途而废，最后他学了厨艺，在大酒店掌勺，之后创业开饭馆、开酒店，经营了我们本地最大的一家酒店。

心之所向，身之所往。无论我们做什么工作，唯有热爱才会真正把你吸引到你心中向往的地方，才会把拿着薪水的临时性工作变成一辈子无悔追求的事业。

曾经看到这样一篇文章，作者讲述自己的大学室友经常玩一个叫 3D Max 的软件。这个室友似乎很喜欢动画，就想做动画。有一天还在宿舍里制作了一个 3D 汉堡，并兴致勃勃地给作者看，说是在宿舍待着无聊时做的。毕业以后这位室友在一个做建筑动画的公司工作，之后去了美国，学习动画制作。过了三年，作者听说他在美国一家很知名的公司实习了，所在的 10 人小组，一人在 1996 年拿了奥斯卡最佳动画奖，一人是普林斯顿大学的教授……文章末尾，作者讲述这个室友已经参与制作好莱坞大片的预告片了，作者不由想起室友曾经做过的汉堡，感叹道，你之所爱，也许不过就是：你无聊的时候想要做的事。

无聊的时候想要做的事，也许就是指引我们"所爱"方向的指针，我们不要用力地思考我们的"所爱"，而是随性跟随它就行了，它会自动地带领我们到达目标的终点。

在人生事业的发展道路中，每个人对自己事业最极限的思考，不是功利性思考，也不是所谓的趋势性思考，而是爱你所爱。

这似乎不带理性色彩的热爱，会在你的心中打下一个点。尽管你的人生轨迹会因遭遇和所处环境而多方偏移，但是，到最后，它终究会回到这个点的附近，以此形成多点。多点形成多线条，多线条形成一个面，最终成就我们的事业。

第二节　你所专注的，才是你最可贵的

专注成就匠心，使人成为真正的勤劳者，并将有限的时间无限精练。

曾经有一个朋友这样问笔者："为什么我每天辛苦工作 16 个小时，但是我的业务能力还是跟不上那些所谓的精英。"笔者反问他："你这 16 个小时里有几个小时想着晚饭和回家？"半年后他离开了这家公司，选择了一个之前完全没有涉猎过的行业——视频网络教学。这是他经过深思熟虑做出的改变，这也是他一直以来一心想做的事业。现在他已经拥有了自己的工作室。后来他告诉笔者，一开始他只是遵循父母的安排，找了一份稳定的工作，自己每天都过得异常艰辛。但是，当他从事了自己所热爱的行业之后，全身心地投入进

去，事业的进步几乎立竿见影。

笔者认为，这就是专注的力量。你所热爱的东西给了你超越身体极限和时间桎梏的专注度。你不再数得清楚你每天工作几个小时，因为你的专注度不允许你想别的事情。你一心一意地研究它、钻研它。最后当然会透彻地理解它。

日本著名匠人荒川尚也先生，放眼全世界都可以说是宗师级的人物，他一个人做了四十余年的手工玻璃。除令人惊叹的从业时间外，他还对自己的作品有着特殊的理解。在有气泡就是残次品的玻璃界，荒川尚也却偏偏用巨量的气泡来体现作品的美。用他的话来说："我这四十年来只做玻璃，我的呼吸都与之同步。"玻璃上的每一处地方在他的眼里都是可以展现魅力之所在。

无关金钱，爱憎。行业的佼佼者们都是潜心钻研，集中全部专注度在其事业上的普通人。这些人才是真正的勤劳者，因为他们每一秒的时间都用在了思考或实践上。其实，我们应该问一下自己，我们加班的工作时长，是否都有效地利用起来了？我们在工作中又有多少时间在想别的事情。

瑞士手表天下闻名，除昂贵的价格令人咋舌外，其精湛的工艺更是使人折服，慢不可超过 4 秒，快不可超过 6 秒。越是高档的限量手表，越是需要手工来安装制作。人类用专注度超越了机械所无法达到的精致领域。这已经不是单纯的集中力的问题了。这是一代又一代为这一事业所付出的人们通过自身锻炼而磨砺出的高超技术。这种行业内的专注度甚至超越了人类有限的生命。其产品岂有不细致之理。

我们无法把一个小时当成两个小时来用，但是专注度却可以使时间得到更有效的利用。专注的人是真正的勤劳者，是不枉此生的追逐者，更是事业上的成功者。因为他们深深明白，比时间更宝贵的，只有时间的浓缩剂。

事实上每个人的专注点都不一样，有的因为爱好，有的因为责任。但无论因为什么，我们对专注的事物都一定会有所领悟。我们的专注思维就像是一只无形的大手，在这一心一意的钻研和思考中，将工作经验、业务能力、行业理解收集起来，成为武装我们的铠甲，让我们心之所至，无往不利。

专注决定人生的深度，当一种能力变得稀缺，拥有它的人必将脱颖而出。专注于一件事才能把事情做好，用心将一步步走好，才能把曲折的路走直。

专注的本质是"战略性放弃"，是围绕目标，放弃旁枝末节。只要专注把事情做好，成功必然是水到渠成的。十年很长，十年能做很多事，十年笔者只做一件事，只专注于零毛孔护肤领域研究！做好护肤领域独一的毛孔配方，毛孔领域独特的护肤配方。

第三节　那些暂时不能盈利的事业，你怎么对待它（长线复利思维）

今天的成功是因为昨天的积累，明天的成功则依赖于今天的努力，比智商更能决定人生的，是复利思维。成功需要尊重时间的力量，你对一件事情持续的时间越久，得到的收获也会随着时间成倍地增长。

相传印度有个农民发明了国际象棋，国王为了奖赏他，就让士兵用马车运了两箱黄金到他家里。没想到这个农民却拒绝了，他对国王说："陛下，我不想要这些黄金，请您赏给我一些麦子吧！您只需要在这张棋盘的第一格内放 1 粒麦子，在第二格内放 2 粒，在第三格内放 4 粒……只要每一格内的麦子都比前面一格多一倍就行。陛下，将摆满棋盘的麦子赏给我吧！"国王一听，觉得农民这个要求太微不足道了，于是便满口答应了。可是等他睡了一个午觉醒来，却发现国库的粮仓已经被搬空了，而这个棋盘的格子才只被填满了一半。国王这时候才醒悟过来，后悔不已。因为按照农民的要求，如果将这个棋盘上的 64 个格子全部放满麦子的话，差不多需要 1800 多亿亿粒小麦，这个数字可是相当于全世界两千年的生产总量！

这就是复利的惊人效果。复利思维把有限的精力和专注持续而反复地投入到某一领域，长期坚持，最终财富的雪球越滚越大，进而实现财务自由。这就是复利思维的运用，简单的事情重复做，重复的事情认真做，如此而已。复利的核心不在于当下的回报率，复利真正的威力在于长时间可持续。即使年 9% 的回报率，30 年后，也是一个不可思议的数字。多数人不是能力上做不到，而是没有这个耐心。他们总想着一夜暴富，用最短的时间追求最快速的财富，追求过高的回报率。这就是穷、富思维根本的区别。

为什么发达国家多医生，而发展中国家多明星，是因为前者的回报是未来回报，读书时是负现金流。而后者大多是吃青春饭的，最年轻的时候赚得最多。

如果一个环境处于不确定的状态，群体倾向就会做短期的事。如果一个环境稳定，群体倾向就会做长期的事。

眼下思维的人总是将精力放在当下的努力，更多的是发现越努力越无法跳出浮躁的"忙、盲"怪圈。关键不在于不够努力，而是没有站在一个更高的思维层次来梳理。其实，站在时间的维度上，我们将不会再囿于一时的得失。如果在我们做的每件事情中把眼光放到未来两年内，和我们同台竞技的人还是会有很多；但是如果能把目光放到未来7~10年，那么可以和我们竞争的就很少了，因为很少有公司或资本愿意做那么长远的打算。用时间沉淀出的壁垒去打赢资本优势！

站在企业角度，如果期望团队人员流失小就得提供一个稳定的平台环境。企业不能做捞一把就走人的项目，长期稳定的平台环境可以让长期投入的团队和企业都有更高的回报。

复利思维有三个关键词——持续、量变、质变，只有持续的量变才会引发质变。假使你每天都坚持看半个小时的书，一两天内你和别人不会有太大的区别，但如果你持续地坚持五年、十年甚至更久呢？这个差异之大将是你无法想象的。

在这个快节奏的时代，很多企业都想更快地赚到钱，其实所谓的快，是慢、是耐心、是等待，是用专注做好一个产品，把它做到极致，成为行业的第一和代名词。

不要过于在意眼前利益，而要确保每一个选择都能让能力和状态日复一日不断提升，不起眼的小进步叠加、裂变，越往后势头越凶，最终带来巨大成果。

创业对于多数人而言，不是救命稻草，而是穿肠毒药！这是冷血的现实！因为赔钱的人比挣钱的人多，创业意味着创业者追寻一条永远没有答案的路。但再长的路，只要有耐心，一步步也能走完，再短的路，不迈开双脚也无法到达。成长路上别人朝你扔的石头，就不要扔回去了，留给自己作为建高楼的基石。

一个成功的农夫绝不会把种子埋下后，每隔几分钟就挖出来看看，他会耐心地让这些种子在土里发芽，等待它们生长。等待是一门艺术，你播撒的种子也总会发芽。棋盘上 10 格、20 格的麦子也许微不足道，但只要你持续不断地，天天这么做，年年这么做，你就能等到量变产生质变的那一天。

很多人关心未来十年会有什么变化，而我只关心未来十年有什么是不变的。"慢变量"时间加重复就是被我们忽视的复利力量。人都容易高估短期的收益，而低估长期的价值；所有只能产生短期利润的项目都不重要，无论现在多赚钱；能够产生长期现金流的项目才是最重要的，无论现在亏多少钱。一个人对于时间的认知，往往决定了他思考的高度。成功，恰恰需要的是你尊重时间的力量。

短线拼心术，中线拼能力，长线拼热情，每件事都可能因为专注而变得伟大。当以一心行万事，聚焦一点，持续发力，终将缔造奇迹。只有拥有这种心无旁骛、十年磨一剑的专注精神，才有可能实现自己的理想和价值。

第四节　激情是热爱的升级，如何跟着激情走

人的天性之一就是懒惰，对任何事情都是"三分钟

热度"，不能保持长久的激情，即便是心之所爱。唯有成功，才能使人保持火一样的激情，将热爱进行到底。

有这样一则寓言故事：在一座高山上有两块石头，有一天它们想去山下的世界看看，于是便相约下山。两块石头滚啊滚，在经历了一番艰难困苦和磕磕碰碰后，到了半山坡一处风景优美的草丛，石头甲停了下来，不愿再继续了："这里的风景也不错，为什么还要自讨苦吃呢？停下来吧，再继续下去我们会粉身碎骨的！"

石头乙拒绝了，它选择继续前进。到山脚下的路遍布荆棘，一路上它磕磕碰碰搞得浑身是伤，但它始终没有放弃，总是充满着激情。

在石头乙披荆斩棘时，石头甲则躺在柔软的草丛里享受着阳光和虫鸣，它幻想着石头乙被摔得粉碎，于是便洋洋自得，觉得石头乙很傻。但好景不长，没过几年，石头甲便被人们搬到山脚下，铺成了一家博物馆的地面。当它再次看到石头乙时不禁有些懊悔，因为让它想不到的是，石头乙不仅成功到达了山脚下，而且因为常年的磨难，已经变成了一件价格高昂的艺术品，接受着人们的赞美。

其实一开始，这两块石头的理想是相同的，都想去山脚下看看，但因为石头甲在追梦的路上激情耗尽，最后导致了它与石头乙截然不同的命运。事实上，拥有一份热爱的事业并不难，难的是如何把热爱化为动力，并且永远保持激情。

全球最大的传媒娱乐公司维亚康姆总裁雷石东，之所以在80岁高龄还能保持激情，是因为他一生都在为了赢而战斗。每天早上一起床，他的第一件事便是工作，仿佛进入战场一般，取得第一的欲望占据了他的全部身心。

在从事传媒行业之前，他曾有长达10年的律师生涯，年薪高达10万美元。但一心想当老板的他放弃了这一切，转身投入了年薪只有5000美元的东北影院公司。

于是他开始了一场新的战斗，赢的欲望使他像一台永不停止的发动机，每天都激情满满。终于在20多年后，他从一个"小白"一跃成为全美影院行业的佼佼者。这时候的他已经63岁了，到了退休的年纪。大家都以为他会去过安逸的晚年，谁知，雷石东却再次做出一个惊天壮举：用34亿美元收购了维亚康姆！之后他又接连收购了派拉蒙电影公司和哥伦比亚广播公司，正是这三次决定终造就了他的传媒帝国、传奇人生。

很多人都说，雷石东的能力不及对手，但他过人的创业激情却远远超过了他们。是的，激情是行动的动力，正是因为昂扬的斗志才成就了雷石东传奇的一生。

孙正义说："我在创建这个软银公司的时候，没钱也没有经验，同时也没有生意上的关系。唯一仅有的只是热情、激情，还有一个成功的梦想。你们也可以在某个区域成为第一，可能在某个业务领域成为第一。但是你只要成为第一，人们就需要你，尽管是一个很小的行业，很小的人群，很小的领域，这个都不要紧，只要你能够做到第一，别人就需要你，客户就需要你，然后你再成为很小领域的第一，某一天你会成为一个大的领域的第一。"

一艘航行的船如果没有目标，那么对它来说，任何方向吹来的风都没有意义。同样，想要保持长久的激情，就要不断地去寻找刺激、给自己树立一个个的目标，因为当一个人日复一日地重复做某一件事时，便会消磨掉所有的激情，最后变得消极，甚至放弃。而当你翻过一座座的目标"高山"，赢得一次次的胜利后，你的激情也将被彻底点燃，继而抵达最终的成功之地。

　　喜欢"折腾"自己的人，不断地逼迫自己进入非舒适区，不断地让自己挑战极限，明面上是知识、技能的提升，更核心的是精神层次的提升。请尽情地为难自己、折腾自己，不断地去开拓人生的可能性，为自己挖掘一条既宽又深的护城河。

第二章 风险可控，未来可期

第一节 跨出一步的创新与跨出半步的创新，哪个更好

世界的发展其实就是一部人类创新史，瓦特发明的蒸汽机替代了人力、爱迪生发明的电灯泡替代了煤油灯、卡尔发明的汽车替代了马车，而新时代的打车软件干掉了传统出租车、网络购物干掉了传统零售业，等等。可见，任何时代的更替都离不开创新的推动。

对企业来说，创新就是给企业注入了一股新鲜的血液，以保证企业能够持续良好的运转。尤其是在瞬息万变的当今时代，创新的意义更加重要，不懂得创新

的企业往往只有死路一条。通常意义上，目前市场上的创新可分为两种：跨出半步的创新和跨出一步的创新，也可以说是半创新和颠覆性创新。前者是在具体环节上加以完善、改良，后者则是用一种新的模式完全颠覆、替代原有的模式，即革命。

古时候，人们在传递文书和军事情报时多用马匹，为了让信息传递得更快，他们往往会在送信的途中设立多个驿站，以供信使替换跑累的马匹，相较于没设驿站前，这便是半创新，在一定程度上达到了让信息传递得更快的目的。而现代人颠覆性的创新则是不再在马儿身上做文章，他们用动力更强的汽车来替换马匹送信件，这可比马儿快多了。随着互联网技术的发明，你只需要动动手指，几秒钟的时间便可传出去一封邮件。

通过古代人与现代人在信息传递上的对比，我们可以发现，半创新无论怎样改进，它始终都不会脱离原有的模式，创新空间有限。而颠覆性的创新则是完全摆脱了原有模式的限制，相较于半创新，它的创新空间更大，效果也更明显。既然颠覆性创新的优势这么大，那么我们是不是就可以说颠覆性的创新要比半创新好呢？这个不一定。

美国苹果公司联合创始人乔布斯便是一个将半创新发挥到极致的人。综观他的所有产品，其实并没有太多自己的新发明，而是将别人的研发成果巧妙地融合到了自己公司的产品中，从而达到创新。拿苹果手机来说，在 2007 年，乔布斯摒弃按键，将触摸屏技术带入了人们的视野，让用户通过一根手指便可轻松使用手机，这一创新可谓是颠覆了手机行业。但世界上关于触摸屏的最早起源，则要追溯到 1967 年。在 1965 年，美国马文镇皇家雷达研究所一名普通的计算机研究员约翰逊（E.A. Johnson），在《电子通报》(Electronics-Letters）杂志上发表了一篇关于触摸屏的论文《触摸面板：一种新的电脑输入设备》，第一次提出了触摸屏的概念。在两年后，约翰逊就制造出了世界上第一块触摸屏，将这一概念变成了现实。不仅如此，乔布斯还接连为 iPhone 手机添加了摄像头拍照、收发邮件等功能，这些最初都不是他的发明。可以说乔布斯的伟大之处，并不是他有多少颠覆性的新技术发明，而是他能够通过一次又一次的微创新、半创新，将已有的技术成果进行巧妙合理的优化、改良，最终达到极致的用户体验。

苹果公司今天所获得的成就，其实是一场半创新的胜利。有句老话说得好：没有最好的，只有最适合自己的。而要判断哪种创新更适合自己，企业还要根据自身的具体情况来选择。影响创新模式的因素有很多，如创新所需的成本、将要承担的风险以及未来的收益等，在综合衡量了这些因素后，企业才有可能开发出最具操作性的创新模式。

相较于半创新，颠覆性的创新往往成本更高、难度更大、将来要承担的风险系数也会成倍增长。这是很多小企业所不能承担的。例如，为了提高生产效率，某工厂负责人面临两个选择方案：一是更换零部件，提升改造原有的生产线；二是重新设计一条新的生产线。虽然后者给工厂带来的生产效率提升效果是前者的两倍，但其所需要花费的资金却远远超出了工厂所能承担的范围。工厂主在没有充分做好预算的情况下，贸然开始了新生产线的铺设，结果施工不到一半，便因资金链意外断裂而停工。没钱便无法经营下去，最后这家工厂又因为没能及时融到资金，走向了破产。这便是成本问题。当企业没有充足的资金支撑创新时，贸然行进将带来灾难性的后果。但如果你的企业是处于刚进入市场不久的状态，经营模式或者产品、服务在市场中明显受阻而缺乏竞争优势时，那么选择颠覆性的创新就势在必行了。但能够做出颠覆性创新的往往不是大企业，而是小公司。因为按照市场规则，后进的企业受成本和资源的限制，很难超越那些已经在市场中站稳脚跟的大型企业，但如果是另辟蹊径，采用颠覆性的创新思维呢？

返回来我们再说大企业，对于大企业，在颠覆性创新上也面临着同样的窘境。虽然大企业拥有更为雄厚的资金以及大量优秀的人才，抵抗风险的能力也明显强于小企业，但是尾大不掉，其在创新的过程中往往会受到很多因素的干预。比如百度的"有啊"，在2008年10月正式上线后，就夸下海口"在三年内打败淘宝"，结果在2011年3月底，这个曾承载无数期待的项目便宣布关闭。所以不到生死存亡的关键时刻，大企业不应该倾全公司之力去进行颠覆性的创新，最好的选择应该是先从一个部门或者一小块区域进行尝试，成功了就扩大创新范围，失败了也不用过于担心，其带来的影响只是小范围的，不足以影响整个公司。另外，如果企业当前的商业模式在市场中占据优势，那么选择保守型的半创新最合适不过，既避免了伤筋动骨，又能够保证企业持续地处于领先地位。

创新无论是跨出一步还是跨出半步，本质上都是一样的，都是在为企业寻找突破口。生活中有很多人觉得这两种创新是对立的，其实这种认知很不合理，两者之间存在着一定的辩证关系。事实上，有相当一部分颠覆性创新是从半创新开始的，如乔布斯，如果他不是从一个个的微创新、半创新着手，单凭他一己之力，又怎能彻底撼动手机市场的整体格局呢？

每个时代都有每个时代的玩法。在过去的商业中，复制是最有效的玩法，对中国是如此，对企业也是如此。因此，20 世纪 90 年代这条道路是正确的。但是这条道路终究是不可持续的，在今后的中国，自主创新将是新的玩法。一个时代的结束也是另一个时代的开启！

要知行合一，有创新却没有行动，一切都是空谈。不管是半创新还是颠覆性的创新，它们的价值都是为了给企业提供持续的生命力，而要实现这一价值，最重要的就是要去执行，并在执行的过程中发现问题、修正方向，这样才能达到创新的应有价值。

不要因为众生的怀疑，而给自己烦恼；也不要因为众生的无知，而错失了自己。给自己一个梦想，给未来一条路，脚步才会越来越轻快！他们都已出师了，而你还在抉择中……行动始终是成功的不二法则。

第二节　每一次决策，你要思考的风险临界点在哪里

凡事预则立，不预则废，不打没把握之战，不执行没有计划的决策，企业制定一份优秀的决策执行计划书等于决策成功了一半。

一只狐狸外出不小心掉到了井里，井太深它爬不出来，正当它觉得自己要命丧这里时，一匹马走了过来。狐狸看马口渴难耐便劝马下来，和它一起喝水。马不假思索便跳了下去，可当它喝完水后，才发现井太深没法出去。这时候狐狸出了个主意，它让马趴在井壁上，把腿伸直，这样它就可以踩着马出去，等它出去了再拉马上来。马同意了，但狐狸出去后，却没拉马，打算自己逃走。马很生气地指责狐狸欺骗了它，可狐

狸却对它说："是你太傻了，在跳下来之前你就没想过会出不去吗？"

故事中这匹马之所以会被困在井中，就是因为它犯了在做出决定前没有深思熟虑的错误，如果它在跳下去之前能多观察一会儿，多思考一会儿，就会知道跳下去会面临出不去的风险，也就不会这么草率地跳下去了。春秋孙武在《孙子兵法·军形篇》中提到："胜兵先胜而后求战，败兵先战而后求胜。"这句话与企业决策的执行是不谋而合的，兵法主张先谋后胜，企业制定决策也应先谋划再执行，绝不可等开战了，再祈求能侥幸取胜。

当年秦昭王让白起率兵攻打邯郸，一向用兵如神的白起却拒绝了，他说："长平之战，秦军是大败赵军，可赵国却并没有因此而一蹶不振，在过去的一年中，赵国全国上下团结一心、积极备战，甚至还和其他诸侯打好了关系，现在赵国的守备力量是以前的十倍，就算是大王给我多一倍的人马，我也没有把握攻下邯郸，所以没有把握的仗，我不打。"可见白起是深知没有准备的仗不能打这个道理的，无奈秦昭王不懂这个道理，被白起拒绝后，他便派了五大夫王陵去围攻邯郸，打到最后邯郸城非但没有攻破，还被敌方杀死了四千余人，真是赔了夫人又折兵。

白起素来被人们称作用兵如神，但他自己却将胜利的原因归结到谋划上，他认为，开战前如果能够谋划到位，打胜仗就会是自然而然的事情。其实商场如同战场，想要打一场胜仗，就要在决策前进行一些详细的谋划和准备，即兵马未动，粮草先行。在这方面，李维公司（Levi Strauss & Co.）是个值得借鉴的范例。

李维公司因生产出了世界上第一条牛仔裤而家喻户晓，而关于牛仔裤的发明经过，也在李维公司做决策时起到了很大的启示作用。19 世纪 40 年代，美国加州掀起了一股淘金热，犹太人李维·施特劳斯趁机带着一些帆布来到了这里，他原本是想把这些帆布卖给那些淘金者搭帐篷。可是在推销的过程中那些淘金者们却说，淘金使他们的衣服经常和砂石摩擦，所以裤子特别容易坏，他们需要的不是帐篷，而是一种更耐穿的裤子。这句话深深地启发了李维·施特劳斯，他当即决定将那些帆布改做成裤子，于是，世界上第一条牛仔裤诞生了。此后，李维公司又先后对牛仔裤进行了改良，如用黄铜铆钉固定牛仔裤的裤袋，按女性身材设计出适合女性穿的牛仔裤等，由于这些改良决策都是按照市场需求而制定的，所以产品一经面市，便受到了顾客的热情追捧。

纵观李维公司的整个发展过程，它的每一次决策都是在进行了充分的市场调查后才制定出的。做好市场调查、满足市场需要、始终按照客户需求进行生产的市场决策，让李维公司得到了持续健康的长久发展，虽然现在的牛仔裤品牌越来越多，但每年李维公司的销量依然能保持第一。

做企业就是要脚踏实地，来不得半点虚假，不能好高骛远，更不能幻想一夜暴富，确立和巩固自己的市场地位，就能增强企业的抗风险能力。

实现目标的最好途径在于你要做对的事，"做对的事"比"把事情做对"重要得多。胜利之师不打没有准备的仗，一个重大的、有效的决策从来不是轻而易举就能做出来的，而一个前期有详细谋划的决策也从来不会轻易失败。凡事做到胸有成竹，有周详的谋划，就能将失败发生的概率降到最低。

极限思考：开启财富破局思维

第三节　未来蓝图，需要画出每一个微小的细节吗

在一个企业里，因为角色分工的不同，每个员工的职责也不尽相同，一个优秀的管理者首先要搞清楚自己的职责所在，不能出现角色错位的现象。

孔子有个学生叫子贱，有一年他奉命到某个地方当官。当他上任后，却每天只是弹琴唱歌，不理政事，可这个地方却他被治理得井井有条。这让那位刚卸任的前官吏很是纳闷，怎么自己每天起早贪黑地干，竟然还不如一个什么事都不管的子贱会治理？于是他便去找子贱问原因："为什么你能治理得这么好？"子贱回答说："你只靠自己的力量去管理，所以十分辛苦，我借助别人的力量来共同治理就变得容易多了。"

人君自任而躬事，则臣不事事矣；人君任臣而勿自躬，则臣事事矣。在楚汉之争的时候，刘邦之所以能够打败项羽夺得天下，就是因为他深知角色定位这个道理，他说："论出谋划策决胜千里之外的才能，我比

不上张良；论守国安民，保证军队粮草的供给，我不如萧何；而在指挥军队作战方面，我也比不上韩信。这三个人都是人中豪杰，我能够把他们用好，这才是使我夺取天下的根本道理。而项羽有一个范增却不能好好利用，这也是他败给我的根本原因。"

在企业经营中，有很多管理者没有子贱和刘邦的智慧，他们喜欢大事小事一把抓，不肯放权给下属，这样做其实对公司的经营是非常不利的，因为久而久之，公司内部会形成少数人忙，多数人看的局面，给企业造成人力和财力资源的巨大浪费。三国时期的诸葛亮就是一个典型的事必躬细的人物，在辅佐刘备的时候，他也喜欢大事小情一把抓，不愿意放权给下面的将领，正因如此，他才有了"出师未捷身先死"的悲惨命运，最终也留给了蜀国一个人才断层的不利局面。

管理者只有懂得放权，才能发挥团队的协作精神，也才能使企业更快地向前发展。但放权不等于放问题，决定方向的细节我们还是要把控。一个管理者真正的授权是：放手但不放纵，指导但不干预。把权力授权给下属，并不是说你就可以当"甩手掌柜"了，工作中那些关键性的问题你还是要进行过问、监督的，否则就难以保证员工的行为是都有利于公司的目标的。

春秋战国时期晋国的赵鞅，便深谙此道。当时阳虎逃到晋国时，他想重用阳虎，不料却遭到了众人的反对，甚至就连孔子听说后都仰天长呼：赵氏其世有乱乎！简而言之就是用阳虎会给赵鞅带来祸乱。阳虎是何许人也？怎么会有这么多的人不待见他呢？这还要从他先前的两段不光彩的经历说起。起初阳虎只是鲁国贵族季氏手下的一个家臣，也就是个奴才，虽然他出身卑微，但却靠着一身的本事，从一名家仆一步步跻身到了卿大夫的行列，甚至还掌管了鲁国的军机大权。但阳虎对这一切并不满足，等季氏的主子一死，他便开始仗着自己的权势欺下犯上、滥用职权，甚至还想除掉曾经提拔他的季氏的后代季孙斯，后来因为被人提前发觉了没有成功，兵败后阳虎逃到了齐国。到了齐国后，阳虎还是因为自身的才华，很快又受到了齐桓公的重用，于是贼心不改的阳虎给齐桓公出了个馊主意，让他派兵去打鲁国，齐桓公本来是想答应的，可鲍文子却把阳虎的底细抖了出来，他对齐桓公说，阳虎是个为富不仁、假公济私的人，君主怎么能用他呢？听鲍文子这么一说，齐桓公一下子醒悟了，于是便派人去捉拿阳虎，阳虎只得又逃到了晋国，来到了赵鞅的地盘。连着这么两次地干坏事，阳虎的臭名声早已传遍了列国，赵鞅岂会不知道呢？只不过他也有自己的想法，他认为，能够推进他以后改革之路的非阳虎莫属，虽然阳虎有种种叛逆的品性，但如果严加管教，还是可以为他所用的，于是赵鞅力排众议，大胆任用了阳虎，而之后的事实也证明了赵鞅的手段用对了。和其他国家对阳虎的放任不同，赵鞅对阳虎是既放权，又控制得当，最终使这个充满野心的叛逆者逐渐变得忠心了，阳虎随着赵鞅出生入死，立下了汗马功劳。

是关注细节还是事必躬亲？首先你要搞清楚自己的身份定位，是"做事"的，还是"谋局"的？"做事"和"谋局"这两者在根本上是有区别的，这就像一个企业里的员工和领导，员工做事，就是把一件事情做好，讲究的是"技术"；领导谋局，就是在幕后调兵遣将，运筹帷幄，从而使公司得到更好的发展，这讲究的就是"布局"。

但凡能成大事者，都很善于布局，这是因为一个人无论有多大的能耐，总有眼睛看不到的边界，思虑达不到的高度。

高层做高层的事，中层做中层的事，员工做员工的事，该谁做的事就谁去做，该谁负责的就谁去负责，只有这样，团队中的每一个人才能人尽其用，企业的资源也才能得到最大化利用。

第四节　未来是财富之源，掌握了未来即掌握了财富

一个人要想取得成功，首先要肯下功夫，肯努力，但是也要考虑努力的方向。选择比努力更重要，很多时候你能够赚到钱，尤其是那些大钱，并非是因为你自身的能力，而是趋势所致。

过去的 30 年，很多人在中国都发财了，但发财的方式却各不相同。从改革开放到 2000 年，这 20 年基本是在靠体力赚钱。那个时候物质相当贫乏，你只要肯出点力肯干点儿事就能赚到钱，如摆地摊、跑运输等，但现在你再做这些肯定是赚不到什么大钱的。进入 21 世纪后，赚钱的方式开始改变，从出卖劳动力变成了

靠资产升值，这时候你就算能力再强工作再努力，也不如别人炒一套房子赚得多。20 世纪 80 年代就有一个北京人，他看别人下海做生意赚得盆满钵满，于是自己也想去，可没本金怎么办？于是他便把自己在三环边上的一处四合院给卖了，卖了 40 万元，拿着这 40 万元跑到了国外去淘金。时光荏苒，当他在国外辛辛苦苦打拼了 30 年后，终于赚到了 800 万元，于是他便风风光光地回国了。本以为自己功成名就了，不料一天他却在报纸上看到了 30 年前被他卖掉的那座四合院的拍卖信息，一看标价他肠子都要悔青了，谁能想到在 30 年后，这座四合院的价值竟然已经高达 9000 万元，真是辛辛苦苦一辈子，还不如在家什么都不做。

房地产让很多人发了财，但你能说这是个人能力强吗？不是的，是因为赶上了好时机，站在风口，猪都能飞上天。所以有时候让你赚钱的并非是你的能力，而是时代的大趋势给你插上了翅膀。现代管理学之父彼得·德鲁克就提出，明天就是机会，而衡量一个企业是否有价值的最重要的标准之一也是其预见和投资明天机会的能力。要想抓住明天的机会，企业就要跟着趋势走，尽量去做趋势性的投资，如在自媒体时代，你开一个传统小吃店就不如开个自媒体的工作室赚钱，这就是趋势。

真正赚大钱的逻辑：不要与趋势为敌！现在有很多人其实不知道自己是怎么把钱赚到的，他们总以为是靠自己的努力，自己的勤奋，其实不是这样。如果你回想一下自己这些年所做的那些事，就会发现，不管是那些取得成功的还是最终失败的，很大程度上其实早已被趋势提前决定了。

周鸿祎说：有一个竞争对手永远打不败，那就是趋势。趋势就像洪水猛兽，一旦暴发就决堤千里，这是谁也无法逆转的。

这几年，笔者见过很多赚大钱的人，这些人中没有一个不是靠的运气，这虽然看似残忍，却很现实。现在阿里成功了，就有很多人说它是多么多么牛，马云是多么多么厉害，其实乘风而起的难度并没有你想象中那么大。趋势来了，风起了，你站在风口挥挥翅膀就能成为这个行业的王者，并不需要付出太大的努力。

国美和苏宁曾经是线下的王者，但是后来京东和阿里干掉了它们。从表面来看，这是一个企业对另一个企业的胜利，但是从深层次来说，这其实是一个时代对另一个时代的胜利。就像《人民日报》评周杰伦超话事件所说：一个时代有一个时代的偶像，一个群体有一个群体的向往。同时，一个时代也有一个时代的王者，苏宁和国美并不是不努力，只是败给了时代，败给了趋势。

如今市场上，这种趋势性的颠覆案例实在太多了，很多你以为永远不会离开的东西，其实正在一点一点离我们而去，腾讯、阿里也不例外。若干年后，也许会有一种新的东西取代它们，颠覆它们，大家想想看，这个趋势之争多可怕？

顺势而为是从事一切商业活动的首要因素。在趋势面前，个人能力终归都是渺小的。即便史玉柱这般商界传奇重新出山，非要在 2017 年开一家卖 CD 和卡带的音像店，成功的概率也是微乎其微的。任何行业在时代的滚滚车轮面前逆势而为都是螳臂当车；中涵第二孵化器"颜究院智能美容"让创业无门槛，这就是大趋势，每天来自全国各地的创业咨询数不胜数。

企业要判断未来趋势，可以从以下几点入手：

第一，从历史角度看趋势。虽然历史不一定会重演，但其中的规律总有一些相似性，以史明鉴，看清

极限思考：开启财富破局思维

这些规律就容易看清未来趋势的发展。第二，从市场看趋势。《第4消费时代》这本书以日本的发展为纵线分析消费方式的转变，书中的观点以简单易懂的方式指出，第一消费社会和第二消费社会的特征基本相同，都是以家庭为单位的，消费基本处于人有我有的状态。只不过第一消费社会主要发生在大城市，第二消费社会则是全国普及，用我们的话说就是全国奔小康。第三消费社会是在物质相对充裕的情况下发生的，人们不再满足于人有我有的大众消费模式，开始强调个性，市场开始细分，代表个性的品牌等被人们普遍关注，最具代表性的是奢侈品消费。第四消费社会则更注重内心和自我的享受，该书作者预测共享社会即将到来。这一点笔者是认同的，因为闲置资源共享已经初见端倪，如滴滴打车等。当然，每个消费社会不能从时间上"一刀切"地判断说这就是第几消费社会，因为消费模式之间是不断过渡的。也就是说，可能在第三消费社会中期就已经有了第四消费社会的特征。所以说，当一个消费市场开始向另一个消费市场过渡，当多方资金从一个消费市场开始向另一个消费市场涌入时，这便是一个趋势。第三，从科技创新看趋势。人类社会的发展与科学技术的革新有很大关系，划时代性的科学发明总能将人类推入一个新的时代，所以，如果你能洞察到社会上的一些新技术，也就更容易看清未来趋势。第四，从人性看趋势。性格决定命运，人性决定未来，人性一个最大的特征是喜欢憧憬未来，有憧憬便会有创造，有创造便会有未来，无论未来怎么发展，都始终离不开人性的影响。我国美容护肤消费观念演变也是人性造就的趋势，20世纪90年代人们口中的美容就是去商店买一瓶白里透红祛斑霜；2009年前，人们口中的美容变成了在美容院接受护理全套美白疗程，那时是爱美女性"大白天下"的时代；2010~2018年，人们口中的美容护肤又变成了以保湿补水为主。

即将开启的美容行业新商机，是现在人们口中排在美容护肤第一位的给毛孔排污，给毛孔疏通。作为专业人士，我们都知道肌肤堵塞的根源在于毛孔，肌肤有数以万计的毛孔，其作用主要是让皮肤呼吸，把废物和毒素排出体外。毛孔堵塞导致分泌油脂过盛，毛孔变得粗大，皮肤加速老化；皮肤的活力会降低，同时保湿能力下降，毛孔堵塞后高营养成分的护肤品也吸收不了反而会给皮肤造成负担，这就容易形成表皮干痒的现象，肌肤逐渐失去柔软性和弹性，暗淡、无光泽、松弛并产生皱纹。因此，笔者团队研发的一款零毛孔专利配方产品将会在趋势推动下达到更高点，如果你能洞察人性，便也容易看清楚趋势，抓住商机。

看清趋势还要懂得舍弃，只有舍弃以往的辉煌成就才能跟上趋势。有很多公司在面对时代的趋势时，总是紧紧抓着固有的业务不放，这就导致了他们即便能看清趋势，也没能跟上时代的步伐。柯达在 20 世纪一直是胶卷市场上的霸主，但随着数码相机的崛起，柯达逐渐没落了。是它没有看清未来的趋势吗？其实并不是，当年柯达不仅预测到了未来，而且还成功地找到了通往未来的路，但最后就是因为舍不得放弃胶卷市场的利润，而导致错失了良机。早在 1975 年，柯达的一名工程师就率先发明出了一台数码相机，虽然当时的像素并不是太高，但他预测到数码相机将会是未来的发展趋势，于是便兴冲冲地把发明成果拿给公司的高层看，但让他失望的是管理层对这项技术并不感兴趣。他们认为没有人会喜欢在电视上看照片，但最重要的还是担心这项新的技术会给他们现有的胶卷市场带来冲击，于是在把这项技术注册专利后，他们便置之不理了，并且还不准这位工程师向任何人透露这项发明。之后等数码相机真正成为趋势时，柯达才醒悟过来想要发力，可是已经太迟了。

所以，能拥有未来的人必然是一个懂得舍弃的人，只有舍弃过去，才能拥抱明天。另外，机会也是留给有准备的人的。从前，有个猎人要进山打猎，出发前妻子劝他先把子弹填好，猎人却说："走到山里的路还远着呢，等半路休息的时候我再装也不迟。"可是没想到，猎人刚出村不久，就看到一大群野鸭在水面嬉戏，可惜，就在他匆忙装子弹的时候，这群鸭子有了警觉，一下子飞走了。

不要等到看到鸭子时再去填子弹，也不要等到机会出现在眼前时再去做准备，人因梦想才会成就伟大，因为学习才会有所改变，更因持续不断地行动才会获得成功。机遇从来不等人，只有那些做了准备并持续行动的人，才能真正抓住机遇。

第三章　永远向前跑，在传承之中打破传统

第一节　你的传承来自于市场和你的竞争对手

　　企业要想传承下去，就需要不断地向前发展，但要想真正做到发展，并没有那么简单，现有的行业格局与制度，对企业的束缚相当之大。规则创造了游戏，但同时也限制了游戏。

　　在公元前的一个冬天，亚历山大率领大军进入哥丹城。有一天，当他在哥丹城内闲逛时，从一位老人那里听来了这样一个神奇的故事：在很久以前，有位先知在哥丹城内绑了一个很复杂的结，并说谁能用手解开它，谁就是这座城市的统治者。之后，虽然有很多

勇士前来尝试，但都没能成功。亚历山大听完老人的讲述后，对这个结也产生了兴趣，于是他便让老人带他去看看这个结，并试图打开它。在一连尝试了一个星期后，他也没能找到解开它的办法。这天，当亚历山大再次尝试无果后，便问老人："这个结必须用手去打开吗？"老人回答他说："是的，将军，游戏规则是这样的，先知说只有用手才能解开。""可我现在就不想看到这个结了！"亚历山大说完，便拔出佩剑砍向了这个结，就在这时，结打开了。

"哥丹结"就好比企业在发展中遇到的一个个难题，而打破现有的规则或制度，则是解开这些难题的"亚历山大之剑"，当我们用尽各种办法都无法解开那些难题时，就需要去学会改变游戏规则，跳出深深束缚住我们思想的行业枷锁，只要超脱了这个枷锁，就没有打开不的结。时代变了，市场也会变，当你的优势遇上趋势，墨守成规肯定不行，只有打破原有的行业格局与制度，企业的传承才会汩汩长流。必须变中求新。为什么总有人能先人一步，高人一筹？无非是你用手解绳结，别人懂得挥剑去砍。

只有打破现有格局，打开思维枷锁，企业才能解开在发展中遇到的一个又一个的"哥丹结"，有人和你竞争，就说明这个市场有利可图，而也只有竞争，你的企业才不会倒，企业的传承才不会断。对竞争对手的态度里，藏着企业的未来，竞争的最高境界是无竞可争，我们用专利技术的高维度降维打击模仿者使其成为我们市场的抬轿人。

在非洲大草原上，羚羊从睡梦中醒来的第一个念头便是：赶紧跑，如果跑慢了就会被狮子吃掉！而与此同时，狮子睁开眼的第一个念头也是：赶紧跑，如果跑不过羚羊，就会被饿死！于是，这两者在第一时间，都朝着太阳升起的方向飞奔而去。假如没有狮子的追赶，羚羊就不会跑得这么快，试想一下，一只跑不快的羚羊，在草原上会面临什么危险？它不仅会被狮子吃掉，还会被老虎、豺狼吃掉，甚至是被野狗吃掉。羚羊是跑出来的，企业也是竞争出来的，正是因为有对手的存在，企业才不敢怠慢，才会有不断向前发展的动力。

诞生于1886年的奔驰，在经历了100多年的风风雨雨后，不仅没有陨落，还越发熠熠生辉。这背后，就少不了它的竞争对手宝马的功劳。在宝马庆祝成立

100 周年时，奔驰就曾发文称：感谢 100 年来的竞争，没有你的那 30 年其实感觉很无聊。竞争是推动企业前进的巨浪，没有对手，企业会故步自封。在商业史上，竞争促进发展的例子数不胜数，提到可口可乐就绕不开百事可乐，百事可乐和可口可乐之间的竞争也正突出了这种效果。这两家饮料巨头都盯死了对方，只要对方一有新动作，另一方肯定也会紧紧跟上。在 20 世纪 20 年代，可口可乐在古巴用飞机在空中喷出"CO-CA-COLA"的字样，百事可乐则一口气租下了 8 架飞机，在东西海岸的城市上空，写下了百事可乐的广告；可口可乐赞助了 1939 年的纽约世界博览会，并请名人代言；百事可乐及时反击，专门设计了一套卡通片，并创作了一首风靡全美的广告歌曲。两大巨头在长达百年的竞争中，可谓是使出了浑身解数，彼此都想击败对手，但结果却是，这两者在竞争中都有了长久的发展。由此可见，企业只有不断地竞争，才会有生机和活力，才能不断地克服困难，一直向前。

经营者要具有战略思维而非竞争理念，但战略的核心是与人无争。企业做战略最重要的宗旨就是要与众不同，为消费者创造独一无二的价值。竞争的出发点是反抗竞争而不是竞争；战略的本质是打造无竞可争的壁垒。

竞争对手之间不一定是你死我活的对立关系，而应是我发我的光，也不吹灭你的灯的竞争与合作良性包容的关系，只有有了竞争对手的追赶，企业才会有动力向前发展。

凡事要靠自己、凡事需坚持、凡事需忍耐、凡事需付出、凡事需尽力。世上没有天生的强者，强者是磨炼出来的。一个人若要有所作为，就必须同对手竞争并超越对手。与弱者竞争，胜算当然大，但很难成为强者。只有与强者竞争，才能不断拓展生存的空间，才能成为真正的强者。

帮助他人就是帮助自己，给予他人想要的，你也会得到自己想要的。社会是一个整体，所有人是人类命运共同体，一荣俱荣，一损俱损，只有建立在互惠互利的原则上，才有更大的发展和机遇。

第二节　那些独特之美你用心观察了吗

一切竞争概念都是差异化竞争，当你遇到强敌的时候，要懂得巧取，那些越是细小的领域，越容易进行颠覆性创新。

市场细分的本质是对客户差异化需求的构建和唤醒；构建一个可持续的竞争壁垒。如行善的最高境界：不是施舍，而是引路；营销的本质：不是满足需求，而是唤醒需求。

美国西南航空公司是世界上唯一一家只提供短航程、低价格、高频率、点对点直航的航空公司。西南航空公司在创立之初就对市场进行了细分，它发现那些利润较高的长途航线已经基本被其他航空公司瓜分完了，而利润较少的短途航线却无人问津。针对这一市场空白，该公司制定了自己的竞争战略，并明确划出了自己的目标客户为自费旅游者和那些小公司的商务出差者，这一独特而恰当的定位，让西南航空公司在空运市场上迅速占有了一席之地，并成了美国盈利能力最强的航空公司。

改革开放后，中国经过 40 多年的发展，商品同质化越来越严重，于是一大批单纯靠"信息不对称"来赚取差价的店家被淘汰了。一批同质化企业倒下，就必然会有一批差异化企业站起来！

在小商品里做大品牌，在低价值中创造高利润，从细分领域中找突破。细分领域是在一个大的领域下，垂直细分出的小领域，这些小领域往往进入门槛低，竞争压力小，也更容易形成一些"新"的东西和模式。创业在没有足够资金支持的时候，不要总想着大市场，那些细分领域中小而美的市场、小而美的模式，一样蕴含着商机。

"指甲钳大王"梁伯强早年卖过首饰、当过菜贩，后来因为一张报纸使他开启了人生的逆袭之路。当时中国经济正处于刚发展的时代，一些轻工业往往会被忽视，当时有一篇报道提到国内的指甲钳用个两三天就会剪不动指甲，正是这样一条不起眼的消息，让梁伯强捕捉到了商机，于是他下定决心开一家指甲钳工厂。当时国内的指甲钳市场一直被韩国的 777 指甲钳占据，为了学习技术，梁伯强远赴韩国，并在回国后又进行了多次的改良，几年下来，当其他企业还在高科技领域四处碰壁时，梁伯强却悄无声息地将自己的指甲钳做成了中国指甲钳第一大品牌，并创造了超亿元的产值，"非常小器"成了大器。

在白人群体中出现一个黑人会格外惹眼，一个高个子站在一群矮个子之间也更容易引人注目，同样的道理，在同质化严重的市场竞争中，专注于一个细分领域的多样需求，也才更有可能吸引该领域的兴趣群体。对于细分领域的需求，大品牌往往不愿意做，也很难兼顾，这就给后入局者留下了市场空白，有空白便会有机会。企业要找到那些值得开发的、有钱赚的细分领域，就需要通过已有的相关的大领域去筛选。那些已经通过市场验证的，并且客户愿意消费的，就是你能去细分的领域，而开创该细分领域的重要手段便是运用组合和微创新。组合分析法可以帮助企业明确消费者最满意的产品概念，证实细分市场的有效性，从而正确选择目标市场。而微创新是进行产品创新的重要方法，只有进行微创新，你的产品才能在市场中形成差异化，有差异才能吸引客户的眼球，钻进客户的心里。

无论你有多少钱，都不可能在每个行业都做到第一，也不要因为这个市场别人做了就觉得自己没机会，有时候企业换种方式去做，将产品的某种功能做到极致，越来越聚焦、越来越专注，服务特定人群，引领行业的不断细分，你就可能创造出新的机会。

在传统观念里，"规模经济"可以为企业带来规模效益，但在互联网飞速发展的今天，规模庞大反而会增加企业遭遇风险的可能性，"小"反而是一种发展优势，既能体现专业能力，更能够提高企业的反脆弱能力。

思想决定一个人的格局，细节决定一个人的成败，创新并没有多么宏大，一个成功的企业也并非都是来自那些大的行业、大的市场，企业要懂得有所为，有所不为，将重心放在小而美的领域，在细节上创造与众不同，在细微处彰显别样特色，企业一样可以做大做强，一样可以赢得更多发展机遇。

第三节　一个新配方的崛起，意味着对世俗框架的全方位突破，这是怎么做到的

成功者和失败者之间的差别，并不在于知识和经验

的积累，而在于信念。唯有强大的信念，才能在荆棘道路上，开辟出康庄大道。

市场和经济的繁荣让人们对自己购买的商品更加挑剔了，一个企业，如果再用陈旧的思维去忽悠消费者，将会很难长久地维持下去，唯有诚信，在产品上精益求精，秉承工匠精神，才是一个企业长远发展的路。移动互联网时代唯有"工匠精神"才是在残酷的竞争中克敌制胜的一种方法。瑞士钟表之所以能够享誉全球，也正是因为历代的钟表工匠一直秉承的坚定信念和"工匠精神"。

唯有信念，才能成就匠心，工匠精神其实也曾深植于我们的文化之中，只是在时代发展的洪流中，有的人忘了，有的人还在坚守。笔者在做化妆品研发时就一直秉承着工匠精神这一宗旨，笔者始终坚信：企业有规模大小之分，但品牌无贵贱之分。每个人唯有把自己的"产品"当成"作品"不断锤炼，追求更高的品质和更完美的体验感，才能凝聚起整个民族的创造力，铸就真正的中国创造而非只是中国制造。

随着环境的变化和空气的污染，给人们的皮肤带来了各种各样的问题，毛孔堵塞和毛囊问题比比皆是。

面对市场上琳琅满目的护肤产品，真正能够帮助人们解决问题的产品却少之又少。如何在保护皮肤的同时，不伤害皮肤？作为业内人士，笔者暗下决心要给人们提供一款便利、好用的产品，真正地解决人们的烦恼。

在研发的过程中，笔者和团队遇到了不小的挑战，仅是产品中的负离子成分提取和应用就让团队困惑了很久。空气中的氧分子结合自由电子而形成的负离子，具有清洁空气、镇静安神、净化肌肤的作用。如何将负离子提取出来，应用在护肤产品上发挥它的作用，这对当时的团队来说是不小的挑战。活跃的负离子无法与其他成分相融合，看着实验的材料被一次次倒掉，实验一次次的失败，不停地投入资金，结果似乎遥遥无期。

没有丝毫盈利的公司该如何走下去？看着小伙伴眼里的失望，难道只能放弃吗？只要你不怕吃苦，不放弃，好品质的东西一定会有市场。在人生之路上，这句话是笔者经常想起的一句话。笔者出生在福建产茶之乡，从小看着父亲起早贪黑在自家茶园里忙碌，亲自采茶，揉茶，丝毫不敢怠慢任何一步工序。每当村里来了茶商，挨家收购时，自己家采的茶价格每次都高出村里的其他农户。笔者问父亲原因，父亲告诉笔者，一棵小树长一年的话，只能用来做篱笆，或者当柴烧；10 年的树可以做檩条；20 年的树用处就大了，可以做梁，可以做柱子，可以做家具。做好茶也一样，也是需要时间和耐心的，好品质的茶更需要耐心，只要你不怕吃苦、不放弃，好品质的东西就会有市场。父亲以身作则，告诉笔者一个匠人应该坚守的理念，也影响着笔者在成长道路上的点点滴滴。

绝不认输！当骨子里的倔强被激发时，笔者一边顶着资金匮乏的压力，一边给团队鼓劲儿。拜访专家，翻阅相关资料，为了攻克技术难题，笔者自学了相关技术课程，并且还获得了国家一级化妆品配方研发师的资格。笔者做的所有努力都是为了能够更近距离地接近自己研发的产品。四季轮回，岁月变迁，十年改变了很多，无法改变的是笔者一心要研发出一款产品的初心，最后，笔者终于成功了。笔者研发的毛孔制剂成功获得国家专利技术，用更温和的方式帮助人们解决肌肤烦恼的同时，更好地保护了肌肤。

当带着花费 3000 个日夜打造出的产品走进市场时，笔者和团队脸上的成功喜悦还未散去，打击却扑面而来，没人相信我们产品的功效，很多人的态度是质疑的，认为我们是在炒作。这个刚诞生不久的产品像一个被遗弃的婴儿，孤单寂寞，无人问津。

好的产品不会没有市场，市场培育的过程需要一点点地积累，只要用心做好每一步，消费者就会选择使用这个产品。笔者坚信付出总会有回报，积极调整了营销方式，并向客户大胆承诺，不满意全部退款，真正做到让客户放心、满意。把服务客户做到实处，正是凭着这股自信，产品从无人关注到耳熟能详，而笔者带领的广州中涵生物科技有限公司短短几年也成为同行业的佼佼者。

面对快速更新换代的护肤产品市场，在这个快节奏的时代，很多企业都想更快地赚到钱，其实所谓的快，是慢，是用匠心做好一个产品，把它做到极致，成为行业的第一和代名词。

把企业做小、做慢、做专，并不是说企业不发展，不去做大做强，而是在激烈的竞争中，保持企业的灵活性，控制好速度，专注做自己最擅长的领域，成为真正的强者！世界上最可贵的两个词：一个叫认真，一个叫坚持。认真的人改变了自己，坚持的人改变了命运。

营销市场出现了一个现象，打广告越厉害的企业，亏损也最厉害。典型的就是某奶茶品牌，广告预算增加得越多，亏损得也越多。如果企业是个大众品牌，现在你再想通过在报纸、电视上做硬广告的方法把企业做大，已经没有机会了。当前时代已经变了，不能再用原有的套路！只有开启匠心品质才能赢天下。

每一个行业，都该有一种灵魂，有一份匠心。匠心，不该只是一种宣传噱头，而应是用切实行动和恒心，去真正打造出极致的产品或者作品，把产品的好坏和自己的人格荣辱直接相关，这才是一个企业立足的根本，也才是一个企业生存的希望。

匠心的本质就是爱。那些脚踏实地的人，如工匠、程序员、设计师、编剧、作家、艺术家等，因为互联网已经把社会的框架搭建完成，剩下的就是灵魂填充！所以匠心精神的地位也将获得提升、获得尊重。

时代可以淘汰一种产品，却无法淘汰一种坚定执着的精神。任何一个基业长青的企业，无不是秉持着一种坚定执着的精神和精益求精的信念，信念强大者，一副烂牌也可以打得很好；信念薄弱者，一副好牌也会打得稀巴烂，凡事关键在人，而不在牌。很多人想把世界上的钱全都挣了，事实上这是不可能做到的事情，只有把一件事情专心专一地去做好，才能够真正地取得成就，所以要想挣大钱，一定要记住这个底层逻辑，专就是多，真正把事情做精，最后你得到的，将会比别人多得多。

第四章　在规则中跳舞

第一节　如何把握规则的动态演变，如何创造新的事物

历史是人类最好的老师，研究行业历史、借鉴行业历史，可以为我们开创明天提供更多的智慧。你能看到多久的过去，就能看到多远的未来，而规则，则是把过去与未来绑定在一起的纽带。

关于规则的起源，有这样一个实验：科学家将 5 只猴子（代号为 A、B、C、D、E）同时关到了一个铁笼子里，这个笼子里有一个水龙头和一串假香蕉，这串假香蕉是个机关，只要有猴子碰到它，旁边的水龙头

就会被触发喷出水来，并把猴子们全部淋湿。一开始，这五只猴子不了解情况，都想去拿假香蕉，但无一例外，都被淋湿了。经过几次尝试后，猴子们发现了这个奥秘，于是便学乖了，并达成了一个共识：谁也不要去拿香蕉，以免被水淋湿。按照这个共识，猴子们相安无事地相处了一个月，之后，科学家用一只新猴子 F 替换走了笼子里的猴子 A。新猴子 F 刚来的几天，看到香蕉也特别想去碰，但每次还没碰到就会被其他猴子暴打一顿。尝试了几次后，猴子 F 被打得遍体鳞伤，不再去碰香蕉了，这时候，科学家又用新猴子 G 替换走了笼子里的猴子 B。新猴子 G 看到香蕉和当初的猴子 F 一样，也想去拿，但结果也和猴子 F 一样，还没碰到就会被其他猴子一顿暴打（在打 G 的猴子中也包括当初新来的猴子 F），后来猴子 G 被打了几次后，也没了拿香蕉的想法。这时，科学家又用新猴子 H 替换了笼子里原来的猴子 C，于是，这一幕被再次上演了。半年后，笼子里 5 只旧猴子都被这样换走了，而新来的这 5 只猴子都不敢去碰香蕉，它们也不知道为什么不能碰，只知道一碰香蕉就会被群殴。规矩就这么被传承了下来。

通过这个实验我们不难发现，规则的形成是通过前人的经验和教训总结出来的，是历史的积累，行业规则也是如此。没有一个行业是凭空产生的，而这些行业的规则往往也都是那些先行者或者行业老大所制定的。所以作为企业，要想进入一个行业并在这个行业有所发展、有所成就，就需要了解这个行业的规则，研究它所形成的历史，这样你才能发现其形成的内在规律，最后为己所用，并找到新突破。

规则不是静止的，也不是一成不变的，相反，规则总是随着环境的变化而不断变化，是一个动态的有周期性的概念。世间万物都逃不开周期性，从婴儿到少儿到少年、青年、中年，进入老年到死亡，这就是人的生命周期。同样每个行业都有自己的行业周期，国家都有国家周期。传统的商业模式大致可以把企业盈利的周期分为暴利期、微利期和无利期。进入无利期，行业中大多数企业都会倒闭，寡头企业集中度越来越高，可能只会剩下 20% 的企业可以勉强活得下去，其他的企业只能叫苟延残喘。最后只有两三家高度集中的企业活得很滋润。美妆行业上一轮面膜周期从暴利到无利到沦为配赠品，冻干粉、原液也即将进入无利期。企业必须适应环境的周期性变化，对策略进行不断调整和修正，否则，将丧失市场中的竞争机会。

以史为鉴，可以知兴替。历史虽然不能重复，但是规律可以参考，研究行业规则的形成，可让我们的眼界放宽，提高看问题的敏锐性以及处理问题的能力，并对未来市场的发展趋势提早预知，做出应变。

埋藏在历史尘埃中的不只有废墟，更有鉴往知今的大道至理。李大钊说过："无限的过去，都以现在为归宿；无限的未来，都以现在为起点。"在前行的路上，我们常常会迷茫、会困惑，走到分岔路口时不知道该如何选择。而有智慧的人，往往都能从历史河流中撷取到埋没在泥沙里的金子，充盈大脑，开阔思维，进而更好地把握现在，定位未来。

从工业革命到人工智能，无疑是生产力的又一次突破。在过去的工业时代，主角是工厂的工人，在现在的信息时代，主角是知识分子，而在未来的人工智能时代，主角将会是那些富有创造力的人。在未来，司机、会计等这些技能要求相对较高的工种将逐渐被机器人取代，而人类将会像上帝一样，躲在"机器"后面，观察操纵着这个世界。

　　机器人超越我们的是智商，而人类特有的"感性"，是机器永远不能取代的。在未来，一个人的软实力比硬技能更重要，情商高的人，将碾压智商高的人。企业要想在未来继续生存，必须从"理性"转移到"感性"，充分了解市场的喜好要求，与客户建立情感层面的关系，并展现人文关怀。

　　未来，物质财富不再是人类追求的目标；未来，精神世界的充盈才能让我们满足！规则的存在，源自于行业的需要；规则的演变，见证着行业的历史。任何规则的出现，都是历史发展的产物；任何规则的废立与沿革，也都是历史进程的折射。昨天是今天的延续，明天则是今天的趋势，鉴往知今，勇站潮头，只有了解过去，才能把握未来，也才能在明天到来之前发现市场蕴含的新机会，从而创造出新的事物。

第二节　怎么在规则中创造出"另类"（跨界杂交，横向杂交类似规则）

　　当市场从物质追求转向精神追求时，价格便不再是重点，吸引力才是重点。"另类"，在大众眼中就是极具吸引力的存在，这些独特的存在往往能打破常规，在市场中创造极具冲击力的效果。

消费从"需要到想要"，从"必需品变为必欲品"，近年经常听到一种说法叫"顾客变精"，这在消费行为学上叫"顾客成熟化"，即过度营销后遗症；大众商品就算一时营销得好，但总有一天会消亡，被下一个商品所取代。当人类"美的需求"得到满足时就会走向逃避消费阶段，逃避执着于拥有后所带来的"空虚感"。未来的商品要帮助消费者展现出他们的特别之处，深化消费"追求自我的神话"，所以"空虚感"的消费者很容易被"另类"商品所吸引，只有"另类"才能满足消费者的猎奇欲。

创立于 2012 年的江小白就是白酒品类中的一个"另类"，它自诞生之日起就备受关注。在江小白诞生之前，提到白酒，给人的感觉往往都是稳重的、具有浓郁的历史气息和财富阶层的象征，是一个"高大上"的存在。但初出茅庐的江小白却偏偏要逆其道而行之，将市场定位放在了看似完全和白酒不沾边的年轻人身上，无论包装还是营销，江小白都专走年轻人所特有的简单、纯粹的路线，更是凭借表达瓶的独特方式燃爆了整个营销领域，这一系列的"另类"做法，使江小白很快在市场红海中脱颖而出，一跃成为酒类的一匹黑马。

江小白用完全相反的角度，在市场中创造出了"另类"，也找到了存在感。除这种逆向思维外，跨界也是创造"另类"的有效方式。随着互联网的渗透以及新的消费群体的崛起，传统意义上的行业界限越来越模糊，在这样的趋势下，不同品牌、不同行业之间的跨界合作越来越频繁，同时也创造出了许多优秀的跨界营销案例。

2015 年，中涵国际和中国青年旅行社联手启动"你旅游，我买单"活动，为全国美容化妆品合作店组织了百场客户答谢会，消费者仅需在中涵国际全国合作店购买"黑头一抹净"或"黑头 & 仙水"即可免费参加中涵国际"你旅游，我买单"6 天 5 晚泰国品质旅游费用全免活动，借助这一合作，"黑头一抹净"快速奠定了在三、四线市场的产品影响力，而且还在推进这一合作项目的过程中进行了资源的有效整合，通过互相借助对方资源、销售渠道，使双方在人口密度和消费能力普遍较低的县级市场实现了利益最大化，仅一年时间中涵国际就为青旅输送了近万旅游人次。美容与旅游进行跨界合作，可以打破常规，组合创新出新的消费载体。云南白药牙膏是在跨界合作方面比较成功的案例。云南白药通过将药企与快消品行业相融合，成功突破牙膏价格低迷的局面，打造出了首支单价超 20 元的高端牙膏品牌。这一突破是有引领性的，中国的牙膏市场也因云南白药的跨界而崛起，走进了一个新的时代。在传播方面，跨界营销可使品牌实现跨行业传播，在另一类行业挖掘出消费群体。例如，脑白金将保健品与礼品结合的创意理念，使脑白金这个保健品在礼品消费人群中得到了青睐。

一次成功的跨界营销，带来的效果往往是 1+1>2 的，这种营销模式，不仅能够让双方品牌知名度得到提升，同时也能为消费者带来更优质、更个性的消费体验，真正实现企业和用户的双赢。作为一种新型的营销方式，其实现了从以产品为中心向以用户为中心的战略转移，也有效改变了传统模式下企业资本决定实力的局限性，使产品应用范围得到延伸，使企业品牌更具张力。

"跨界"的本质是整合和互补，寻求的是企业强强联合的资源整合、资源互补。随着市场消费观念的不断升级，当一个文化符号无法诠释一种生活方式、一个品牌无法满足一种消费体验时，我们不妨进行跨界合作，整合多方位的资源来实现共赢。

一只鹰想往天上飞，但它有一块金子，如果它一定要带上这块金子，会一直压住翅膀，飞得累，飞不高。与其如此，还不如不要黄金，这样就能一直往上飞。带什么，不带什么，选择什么，放弃什么，是由我们心中的目标决定的，而不是由现状决定的。做有态度的跨界创业者，跨界者对未知领域存有敬畏之心、好奇心、探索力、求知欲！行内者背经验包袱，脚步越来越沉重！

第三节　谁的规则能指引你更上一层楼

学习他人的经验和长处，是完善自我的最佳办法；向成功的人学习成功的方法，是取得成功的有效捷径。

孟母三迁的故事可谓是家喻户晓，相传孟子小时候很顽劣，不喜欢读书，让孟母很是头疼。他家原本住在坟地附近，经常会有人到这里来祭拜祖先，时间久了，孟子耳濡目染，竟然学起了别人哭拜的样子，孟母看到后，觉得这个地方不好，不适合孩子居住，于是便把家搬到了集市上。住到集市上后，孟子果然不再学人哭拜了，可还没安静地看几天书，他又学起了集市上那些做生意的人的样子，孟母无奈，只得再次搬家。这次，她把家安在了一所学堂附近，听着学堂的读书声，孟子不再贪玩了，也开始认真地学习起来。孟母感叹，这里才该是孩子居住的地方，于是便再也不搬家了。

你和什么样的人在一起，就会有什么样的人生，你向什么样的人学习，就会有什么样的成绩。"孟母三迁"这个故事就充分说明了百万买宅，千万买邻的道理。只有接近正确的人、正确的环境，你才能更容易获得自己想要的东西。经营企业也是如此，你想让自己的企业做大、做强，就应该向行业的领军人物多学习、多取经。

能量是会传染的，有项调查发现：一个人平时花最多时间在一起的 5 个人，这 5 个人的平均工作水平，就代表了这个人的工作水平。人类是群居动物，一个人的成长很难不受到周围人和环境的影响。和勤奋的人在一起，你不会懒惰；和乐观的人在一起，你就会看到希望；和勇敢的人在一起，你也能攀上高峰！所谓近朱者赤，近墨者黑，指的就是这个道理。我们常说，圈子决定人生，如果你想生活有所改变，事业有所成就，那么首先该做的，就是改变自己的圈子，把消极的、悲观的人和事剔除，去接近充满正能量的人。

我们的一生中会遇到很多人，而这些人往往会分为两种：

一种人是日复一日、年复一年没什么变化的人，俗称"老样子"。这类人每次和你见面，聊的都是生活如何如何不如意，事业如何如何不顺心，在他们的神情里你似乎看不到关于未来的一丝憧憬；而另一种人则正好相反，每次见面他们都能分享一些新鲜东西给你，在他们身上，你总能感受到某些东西在深深地吸引着你。可能你们并不是最要好的朋友，甚至你们在某些问题的看法上还有严重的分歧，但这并不影响你从某场与他们的聊天中受到感染，得到收获，你会觉得自己的生活也有一些值得改变的地方。

笔者曾经有过一段很颓废的日子，那时候觉得生活一片渺茫，不知道未来的方向，心里明明知道不该这样颓废下去，该去努力，可是就是不知道该如何开始。那时候笔者觉得自己像是陷入了无底深渊，怎么也爬不出来。周围那些同样消极的人，丝毫给不了任何帮助，甚至还让笔者的生活越发沉沦。

直到后来，笔者通过朋友认识了一个姑娘，她是一个摄影师，经常到全国各地拍摄优美的风光。虽然只是一面之缘，但正是这短暂的接触，却彻底改变了笔者的生活，让笔者对未来有了期待。

她脸上洋溢着自信，全身充满着斗志，每次聊天，她都能带来一些笔者没有听过的新鲜趣闻。比如——"我上周去了西藏！""你知不知道云南的洱海有多美？""我在一家民宿找了份兼职，出去拍照片的住宿费都省了！""上次去拍照，我又结交了几个有趣的朋友哦！"

客观来讲，一个普通的摄影师并不会太富裕，可她过的每一天都很忙碌，都充满了乐趣和意义。这是许多碌碌无为的人所不能比的。

这位摄影师的积极乐观的生活态度，给了笔者很大启发，让笔者意识到，生活不该停步不前，人生也有许多的事情可以去做，鸡毛蒜皮不足以成为笔者的全世界，那些暂时的、小的不幸，也不值得让笔者放弃全世界。

心有阳光，到哪里天空都是灿烂的，去接近那些正能量的人，你的心胸才会变得豁达，你的人生才会充满无限可能。雄鹰如果在鸡窝里长大，那么无论它的翅膀多有力，也不可能直冲云霄；猛兽如果成长于家圈，那么即便它的獠牙再锋利，也不可能称霸浩瀚森林。如果你想飞得更高，就不要与鸡鸭为伍；如果你想驰骋森林，就不要与猪羊做伴。

正能量的人是良师益友，是学习的榜样，只有站在巨人的肩膀上，你才能看得更远，只有向巨人学习，你才能发展得更快。但向他人学习，不是简单地依葫芦画瓢，而是要活学活用，要抓住学习的重点。国画大师齐白石就有一句名言："学我者生，像我者死。"学习可以，但不能依葫芦画瓢地去模仿，就像东施效颦那样，她看到西施捂着胸口皱着眉头的样子被人称赞，就以为西施的美是因为这些动作，于是便跟着模仿，结果却遭到了他人的嘲笑，这就是盲目跟从的后果。学习别人不能盲从，要有所分析，要知道别人值得学习的本质是什么。学习成功的企业，你要懂得该学什么！

京瓷作为一家日本的成功企业，其管理理念吸引了大批的企业前去学习，但学来学去，最后不仅没有一家企业能做成京瓷那样，甚至还出现自乱阵脚、东施效颦的笑柄。这就是不能活学活用，不能抓住学习本质导致的。20世纪90年代，肯德基、麦当劳进入中国后，很快便受到了国人的追捧，甚至还掀起了一股"西餐热"。华怀庆嗅出了这是一个千载难逢的好机会，于是便和自己的哥哥，在三、四线城市，一个大学的门口也开了一家西式餐厅，并取名华莱士。在向肯德基学习了经营模式和产品后，兄弟俩就以为能赚钱了，可很快他们就被现实的冷水浇醒了——开业好几天，来店内消费的人却寥寥无几。到底是哪里没做对呢？经过一番调查，两兄弟终于发现，原来是他们的产品定价出了问题。肯德基开在一、二线城市，而他们的店开在三、四线城市却卖着和肯德基一样贵的产品，三、四线城市的消费水平没有一、二线城市的高，怎么会有人来吃呢？查出原因后，华莱士根据当地的消费水平对产品的价格进行了调整，并展开了一系列的促销活动，这一举措最终让华莱士业绩回升，成了国内一家颇具规模的西餐连锁店。

读万卷书不如行万里路，行万里路不如名师指路。学习和研究成功的企业虽然可以让我们找到捷径少走弯路，但不可生搬硬套、盲目模仿，因为任何企业的成功，都是由它特有的环境和条件所决定的，我们在学习的时候，不仅要看到结果，还应分析促成它成功的这些外在因素，从而有的放矢，活学活用。

生活的美好在于授人以渔。和聪慧的人在一起，你才会更加睿智；和优秀的人在一起，你才会出类拔萃。所以，你是谁并不重要，重要的是，你选择与谁为伍。

第四节　怎么既能遵守规则又能打破陈规

有限制，才有自由，有规则，才有变革。内和谐，外适应，我们要学会戴着脚铐，与规则共舞。

荆轲刺杀秦王时，图穷匕见，拿着匕首在殿上追着秦王跑，由于事出突然，导致秦王惊慌失措，剑一时拔不出来，也不知道该怎么办，于是他只能绕着柱子躲避荆轲的攻击。由于当时的秦国有规定，在殿上侍奉的臣子，不能携带兵器，而守在殿外的那些侍卫，如果没有秦王的命令，也是不能随意进殿的，于是大家便只能干瞪着眼，替秦王着急。眼看荆轲就要得手，在这千钧一发之际，秦王的随从医官夏无且急中生智，用他手里的药袋朝荆轲砸了过去，荆轲只得停下脚步，用手去挡这个药袋，在一边站着的臣子们也朝秦王大喊："大王负剑于背！""大王负剑于背！"正是这一眨眼的工夫，让秦王缓过神来，他拔出佩剑砍断了荆轲的大腿。荆轲死后，秦王重重赏了医官夏无且两百镒黄金，并且对大家说："无且爱我，乃以药囊提荆轲也。"夏无且也因此一扔成名，留名史册。

秦王定的这些规矩本来是为了保护自己的生命安全，但他却不懂得灵活变通，等到真有人来行刺时，那些侍卫却因为规则的约束，导致敌在眼前却不能救，真是作茧自缚。

一条道走到黑是不可取的，一味地死守规则也是行不通的。做一个好人不难，难的是做一个有智慧的好人。利益面前见人心，现如今，很多人为了获得利益开始不择手段，而那些遵守规矩的人，反而因为老实被淘汰，长此以往，大家就都不会再坚守原则了。经济学上有这么一句话："良币驱逐劣币"，放在社会上就是："坏人驱逐好人"，所以，如果你只会做一个好人，那迟早是要被驱逐出去的。

我们从小受的教育都是教导我们要做一个善良的人，要安分守己，可是等我们长大进入社会，就会发现，好人往往是受欺负的，而那些坏人却是利益的受益群体。这是为什么？因为好人顾虑太多，面对利益，好人首先想到的是要遵守规则，而坏人就无所顾忌，他们往往为所欲为，为了利益不惜一切手段。

社会上有很多规则，像法律、道德以及一些行业制定的规则规范，但这些只是假象，真正维持社会运转的，其实是利益。现实就是这样，你所看到的公平公正只是表面文章，弱肉强食才是社会的本质。几乎每个人都是披着道德的外衣，暗地里为自己谋取着各种利益。

面对这样的现实，就需要我们做个有智慧的好人了，有智慧的好人就是，在不违反规则的前提下，又能打破陈规为自己谋取到利益。

犹太人做生意就很守规矩，但他们却又能在不改变这些规则的前提下，灵活地进行变通。一个犹太人来到一家银行的贷款部，说要贷款 1 美元，并从皮包内掏出了一堆价值 50 万美元的股票做担保。业务员看他财大气粗便再三确认："您真的只借 1 美元？""是的，我只要借 1 美元，据我所知，贵行只有关于借款上限的规定，下限是没有规定的，所以我借 1 美元是可以的吧？"犹太人反问道。业务员说："当然可以！只要有担保，您想借多少都可以，我的意思是，您既然能提供这么多的担保，完全可以多借些啊，您觉得呢？""谢谢，我只需要借 1 美元。"犹太人冲业务员礼貌地点了点头，拿着 1 美元准备离开银行。这一幕恰巧被银行行长看到了，他怎么也搞不明白，一个拥有 50 万美元的人，为什么要来银行借 1 美元。为了搞清楚原因，他便赶上前去问这个犹太人："先生，请稍等，我实在搞不清楚，您既然拥有 50 万美元，为什么还要来银行借 1 美元呢？您知道，只要您开口，三四十万我们也会很乐意借给您的……""请不必为我操心，"不等银行行长说完，这个犹太人便解释了起来："也许您不知道，我借钱其实是为了存钱，这些价值 50 万美元的股票放在家里实在是太不安全了，可是那些金库的保险箱一年的租金又实在太昂贵了，所以，我就想到了在贵行这里寄存这些股票，毕竟借 1 美元的年利息才 6 美分，实在太便宜了。"

这虽然是一则笑话，但却蕴含了活用规则这一智慧，按照常理，人们首先想到的是，贵重物品应该存放在保险箱里，但这位犹太商人却不仅打破了这种常规思维，还另辟蹊径，找到了一种既不破坏规则，又能在花钱最少的情况下把股票存起来的好办法，甚至还比常规的办法更安全了。同时，这个笑话也启示我们，巧用规则的前提是要先熟悉规则，只有熟悉了，你才能找到利用它的方法，才能在规则中施展创造才能，这就像"内儒外道"，只有真正"出世"的人，也才能真正做到"入世"。

既然地球是圆的，那么我们就能找到千万条大路通罗马，也就能找到千万种智慧去打破陈规。但在利用规则时我们还是要有底线的，因为规则的制定往往是建立在某一底线上的，这个底线就像孙悟空给唐僧画的那个圈，在圈内，就不触犯底线，也能保你自由，保你平安，如果出了圈，那就危险了，因为说不好什么时候，你就被妖怪吃掉了。

真正值得尊敬的企业，不是发展和扩张最快的企业，也不是规模最大的企业，而是始终如一坚持创造商业价值和社会价值的企业，自始至终有自己底线的企业。它的存在，是行业的幸事，是社会的幸事，也是企业自己的幸事！所以，坚持自己的产品价值，坚持自己的商业价值，坚持自己存在的价值，是企业重要的商业底线。

太拘泥于规则，便放不开手脚，太无视规则也不会有好的结果。在规则内，人人都是自由的，规则不代表约束，自由也不是没有底线的放纵，恰恰正是因为规则的约束，才有了我们发挥创造的可能。

好人和蠢人之间其实只有一线之隔，这条线就是"原则"；善良和残忍之间往往也只是一线之隔，那就是"无知"。做好人是应该的，只是你的好，要有个底线，你的善良要带点锋芒，不然，只会沦为别人眼里的笑柄。

无底线的容忍无异于邪恶，没有理性的善良也是没有意义的，做个好人，是需要智慧和思考的，要想与这个世界美好相处，就要学会在荆棘路上行走。

第五章　需求性挖掘的深度，
决定思考的深度

第一节　怎么从喧哗的表象中看到需求

企业的成败，决胜于需求分析。对于企业来说，只有先挖掘出市场的需求，才能进行相关的产品和服务的推广。

然而大多数公司的问题是，他们所认为的市场需求只是表面的，并没有挖掘出用户真正的需求。他们相信自己知道客户需要什么，也相信自己知道客户想要的产品是什么，但最后却会出现，他们给了客户 A 产品，而客户需要的是 B 产品的状况。

下班的时候几个同事一起走，男同事看见女同事手上提着一个笔记本电脑包，肩上还背着一个时装包，就觉得她这样拿两个包太麻烦了，说要是有一种既能装日用品，又同时适合放笔记本的包就好了，不料女同事听后却说："我是因为放在一个包太重了，所以才提两个包的。你看一个提着，一个背着，这样就不会觉得重了。"男同事的这种想法，就是没有正确了解女同事的需求所导致的，这也说明了市场的需求其实是有隐藏性的，而这些隐藏性需求，往往存在于客户的情感层面，存在于他的"急、难、愁"之中，客户迫切想解决，但自己又不好解决的事情，这就是他真正的需求。

急客户所急，解客户所难，这样才能真正抓住客户的需求。某公司想从员工中选拔一名人员，来当销售部的经理，经过几轮筛选，有三名员工入选。为了测试出谁更适合这个职位，老板就给他们三个出了一道题：谁能成功说服老板买下一瓶矿泉水，就让谁当经理。第一个员工对老板说道："先生您是个知识渊博的人，刚才和您的一番交流让我学到了不少东西，说了这么多话，您现在一定口渴了，您要不要喝这瓶水？"听完第一个员工的话，老板摇了摇头拒绝了。随后第二个员工上场了，他用祈求的口吻对老板说："先生，我知道您是个好人，我最近失业了，可家里还有两个孩子等着我去养，您能不能行行好，买我一瓶水？"老板依然摇了摇头。轮到第三个员工时，只见他一言不发地走到老板面前，从口袋里掏出一个打火机，"啪"的一声把老板的领带点着了。"你干什么？快把水给我！"老板惊慌失措地抢过他手里的水，浇灭了领带上的火。测试结束后，老板任命第三个员工当了销售部的经理。

在这场测试当中，只有第三位员工真正挖掘出了客户的需求，因为他满足了客户迫切想把"领带上的火浇灭"这一需求。在生活中，那些越是不方便、做起来困难的事情，其实就是需求的出发点，如果你的企业提供的产品能解决这类问题，那么你也就找到了好的项目。

有个在工厂上班的工人，有一天他发现了一个让人非常痛苦的问题，就是工厂的仓库内没有空调，一到夏天这里面就会很热，让干活的人受不了。于是这个工人就想，要是能放个移动空调在仓库里就好了。有了这个想法后，他就开始在市场上找这方面的产品，最后，终于找到了一家专门生产这种空调的厂家。于是他就从这家工厂拿货，在网上开了一家店铺，专门卖工厂用的空调。由于市场需求量很大，而竞争者又很少，当月他的店铺就卖出了100多台。

"麻烦"才是成就你的机会。如果不是你的工作，而你做了，这就是机会。但是机会总是乔装成"麻烦"的样子，而让人无法抓住。"麻烦"来了，一般人的第一反应是逃开，因此也就错过了机会。当别人交给你某个难题时，也许正为你创造一个珍贵的机会。对于一个聪明的员工来说，他总是很乐意自找"麻烦"。多做一些事情，你的地位就会越重要。

在泰国首都曼谷，有这样一座雕像：它的正面是一个婀娜多姿的女人，但是女人的脸却被头发遮住了，让人看不到，而后脑勺则是光秃秃的，身上也一丝不挂。

泰国人说：这是"机会女神"之像，之所以会这样设计，是因为机会来到你身边时，往往你看不清它，而等机会一走，你才会恍然大悟，这时候你再去抓它，就抓不住了，因为它背后光秃秃的，一根毛都没有。

这个寓意极其形象，我们生活的这个时代并不是没有机会，而是机会太多太多，但大多都与我们擦肩而过了！升职加薪的机会、结交新朋友的机会、拥有恋情的机会……这些机会我们之所以会抓不住，就是因为它来临的时候往往是丑陋的，让人看不清的。

当生活中出现困难的时候，就是需求的开始。职业搭配师的出现就是为了解决客户困难而生的，当你在网上购买衣服的时候，已经开始注重搭配的问题了，这便是你的需求，而你自己却并没有这方面的知识，于是专门帮客户解决这方面难题的搭配师和买手便应运而生了。还有知识付费也是顺应时代发展下的产物。随着人工智能的发展，在未来，大量人员必然面临失业的状况，如果自己不学习、不努力，必然会被淘汰，基于不想被淘汰的原因，则急需学习更多的知识来加强自己，知识付费便应运而生。还有快递业发展无人机的原因，在很大程度上也是为了解决大山里面送快递不方便的问题。

丘吉尔有句名言：乐观的人在每个危机里看到机会，悲观的人在每个机会里看到危机。危机同时也消灭或削弱了许多同行和竞争者，使一些具备优秀基因的企业在危机过后更加容易生长。危机是对投机与否的检验，认真执着的企业才能经历风雨而更加强大，而不是被泡沫淹没，或者被暴风雨摧毁。

客户的真正需求其实就是他对生活中的种种不满，企业抓住客户的真正需求，不仅能改进自身的产品性能、服务质量，还有助于企业开拓新的市场。

需求分析在整个企业经营中占据着举足轻重的地位，需求分析做得精准，那么之后的销售就会变得很简单，反之则不容易抓住客户。所以，一定要知道客户真正的需求点在哪里，不然最后都只是徒劳！企业只要为了解决问题而创新，只要创造了真正的价值，就一定不缺市场、不缺利润。

第二节　怎么从众多千奇百怪的需求中提炼出独一无二的需求点

真正的需求都是顺应人性的，只要抓住了人性，企业也就抓住了成功的钥匙。

有位年轻人开了一家奶茶店，为了吸引顾客到店消费，他下了很多功夫来做宣传，但结果却并不怎么理想，这让他很是困惑。一天他将此事向一位研究心理学的朋友提起，这位朋友听后当场给他出了一个主意，让他雇一些人到店外假扮消费者进行排队，并让他在给顾客制作奶茶的时候速度慢下来。年轻人按照心理学家的办法做了后，果然来喝奶茶的人多了，生意渐渐好了起来。

这个商业案例在营销市场上很有代表性，其原理就是利用了人性弱点中的从众心理。我们的思维里有这样一种潜意识：别人这样做，我也这样做，就不会有错。这种从众的心理会给我们带来一种安全感，就像这家新开张的奶茶店，当原本路过的人看到门前总是有人在排队时，就会产生好奇：这家店生意怎么这么好？他家奶茶是不是很好喝？带着这种从众心理和好奇心，便也加入了这些排队的人当中。如此反复之后，排队的人会越来越多，生意也就越来越好。

笔者问过一些消费者，如果你到一个陌生的街区，那里有20多个餐厅，是什么在一瞬间让你做出决定去哪个餐厅就餐的呢？他们立马回答说，当然是看网上的评价呀！哪家店的评价好，我们就去哪家。

所以，笔者常跟那些传统的企业家说，一定要有互联网思维，如果没有，你就没有新客户了。因为现在的客户都是偏年轻化的，这些年轻人过度依赖互联网，他们只相信网络上的信息和用户评价。所以，在未来如果你不重视互联网，在互联网上没有一席之地，那么你就会被淘汰，这也是很多大公司现在跟不上时代的原因。

市场需求虽然千奇百怪，但终究离不开人性，真正的需求创造大师，会把所有的精力都用在对"人"的研究上。巨人集团的史玉柱就提出，品牌的唯一老师是消费者，而他也正是靠着对消费者人性的深刻剖析，创造了一次又一次传奇。脑白金的成功绝非偶然，人们耳熟能详的广告词"今年过节不收礼，收礼只收脑白金"就是他做了大量调查从消费者口中问出来的。当初他挨家挨户走访老太太，问他们想不想吃保健品，会不会买，得到的答案大多都是想吃，但自己却舍不得买，除非儿女送。于是，史玉柱就把保健品包装成了礼品来卖，并将"今年过节不收礼，收礼只收脑白金"这句广告词在各大电视台轮番播出，最后大获成功。

脑白金的这句广告词虽然备受争议，但从效果上来看，无疑是成功的，因为它提炼出了客户独一无二的需求。一切营销都是弱点营销，一切需求也都是人性开发，想要成功挖掘出需求，就要把思维方式从劝说人们购买，升华到人性需求的角度，和客户从情感层面产生共鸣。

小米手机在发售后不久，便利用人性的稀缺心理，有意降低了手机产量，从而使小米手机在发售当天创造了 3 小时内销售 10 万台手机的营销神话。这种所谓的"饥饿营销"利用的就是人们"得不到的就是最好的"这一心理因素，通过制造供不应求的市场"假象"，使消费者的购买欲达到极点。

抽奖活动经久不衰，其实就是利用了人性的贪婪和赌徒心理。就像买彩票，人人都相信自己会交好运，会中 500 万元，所以期期都会买，万一中了呢？

支付宝在线上支付，曾垄断了整个互联网支付将近十年的时间，但微信支付一出来，只用了一到两年的时间就与支付宝平分秋色了。为什么微信支付在这么短的时间内就能取得这么好的成绩呢？笔者认为，原因其实很简单，就是人们的懒惰。你想想看，你大部分的时间都在微信社交里，你正玩着微信，突然在街边小店买了个东西，需要支付了，这时候你会把微信关掉再打开支付宝来扫码吗？大部分人肯定是不会的，因为如果你要用支付宝，就需要多戳一下，换到另外一个界面。就这么一步，多戳一下，大多人都懒得做了。

美团做外卖也才做了四年，但是你们知道现在它一天有多少单吗？2019年4月20日，美团到家日订单量突破2500万单。为什么美团日订单量如此之高呢？也是因为我们的懒。我们在公司上班，中午懒得下楼吃饭，晚上回家又懒得做饭、洗碗，所以最省事的办法就是叫外卖。等外卖的时间，我们用来玩玩游戏、看看视频，放松一下，生活方式都因此改变了。

以上这些案例说明，一切的营销其实围绕的都是人性弱点展开的：因为贪婪，有了团购、秒杀、满赠返现、第二杯半价等需求；因为懒惰，有了外卖、上门服务等需求；因为虚荣，有了VIP休息室、奢侈品、等级制度等需求；因为恐惧，有了保险、保健品等需求；因为自卑，有了减肥、整形、美容等需求……

做不好生意有时候不是你不够努力，也不是市场没给你机会，而是你不够了解人性，不会揣摩消费者的心理。一个伟大产品的发明，从来都离不开企业对人性的深刻探索，如果你能掌握人性的弱点，学会利用人心，那么你就能够轻而易举地突破消费者的心理防线，使你的产品或者服务让客户无法拒绝！

第三节　动机与需求的共鸣点在哪里

需求是表象，动机是根源，企业满足客户的需求不能只停留在客户要什么就给什么的层面，要深挖客户需求背后的动机是什么，这样才能真正解决客户的需求。

一天有位工匠让学徒去买个钻头，这个学徒来到一家五金店问：您这里有 12 寸的钻头吗？店主人摇了摇头，说只有 10 寸的。学徒走了，他又来到第二家五金店，同样问道：我想买一个 12 寸的钻头，请问您这里有吗？这家店的主人同样摇了摇头，说只有 10 寸的。学徒失望地离开了，在回去的路上，他看到街角还有一家五金店，不甘心的他决定再去碰碰运气，结果店主还是给了他同样的答案，说没有 12 寸的钻头。学徒叹了口气，打算离开的时候，店主叫住了他，问道：不知道您为什么一定要买 12 寸的钻头呢？学徒回答：哦，因为我师傅说客户家需要钻一个 12 寸的洞。店主听完恍然大悟：原来是这样！其实您不必一定要买 12

寸的，10寸的钻头同样可以用来钻12寸的洞，只需要深入打磨一下就可以了，而且还比12寸的价格便宜。学徒听完有些疑惑，店主又说他以前就是做工匠的，很清楚这个。听店主这么一说，学徒接受了建议，把10寸的钻头买了回去。

顾客想买的其实不是某个产品，而是他们需要运用这个产品来解决某个问题或者完成某件任务。就像上面这个故事一样，顾客需要的不是钻头，而是墙上的洞，钻头是表象，打洞才是根源，这便是动机。

面对同样一件商品，每个人需求的动机都不尽相同，以健身房健身的人群为例，他们来健身的动机可能是为了减肥，也可能是为了塑形，还有可能是为了交友。所以，企业要从动机的角度去分析顾客提出的需求，只有摸清楚了需求的动机在哪里，才能"对症下药"，更容易促成交易。

没有动机就不会有需求，动机是客户产生需求的出发点，深挖出动机不仅能满足客户的需求，还能扩大客户的需求面，创造出新的需求。

一位老奶奶去市场买水果，她来到第一家水果店，小贩问她：老太太您想买些什么水果？我这里水果齐全，有苹果、香蕉、哈密瓜、李子，您要买哪种呢？老太太说她想买些酸口的水果，于是小贩便用手一指，说这堆李子特别酸。老太太一尝，果然很酸，于是便买了一斤。买完李子老太太就往家走，到了小区门口她突然感觉一斤李子有些少，便想再多买一些。她看到路边正好有家水果店，于是便走了进去问老板有没有酸的李子卖。店老板一听老太太要买酸李子，就问她：您儿媳妇是怀孕了吧？老太太点了点头，说儿媳妇怀孕了，想吃酸的。得到老太太肯定的答复后，店老板马上说：您对儿媳妇真好！只是孕妇怀孕光吃酸的不行，还得多补充维生素，这样肚子里的宝宝才会更健康。我这里今天正好刚进了些猕猴桃，这个猕猴桃在水果之中富含的维生素最丰富，您不妨也给儿媳妇买几斤回去。老太太一听很高兴，马上从他这里买了一斤酸李子和两斤猕猴桃。

市场需求并非固定的、受限制的，在面对客户时，企业应该好好思考，如何才能做到像第二家水果店的老板一样对客户的需求进行引导和创造出新的需求。

《教父》里有句话影响了很多人："花半秒钟就看透事物本质的人，和花一辈子都看不清事物本质的人，注定是截然不同的命运。"一眼看透本质，一语就能中的的洞察力，对很多人来说不简单，必须通过长时间的刻意练习而获得。

下面是笔者思考问题时会遵循的一个思维提纲，供大家在挖掘用户需求时尝试：

1. 为什么用户会提出这个需求？

2. 为什么用户会遇到这些困难（来龙去脉、历史原因）？

3. 和这些困难有关的人物和因素有哪些？

4. 哪些是导致这个问题的关键原因？

5. 面对这些困难，用户内心真正的诉求是什么？

6. 针对这些困难，目前的解决方案是什么？

7. 面对这些困难，有没有更好的方案？

以上是笔者思考问题时通常会遵循的思维方法，多运用几次之后，你会不自觉地按照这个逻辑去面对任何你遇到的问题，会更清楚用户的本质需求是什么，并且能够挖掘出更多满足这个需求可能的解决方案。不仅是工作，在日常生活中遇到的任何复杂的让人不知所措的问题，都能轻松化解。

认知心理学的研究表明：很多人在分析问题时，并不是为了找到真相，而只是为了给自己一个满意的答案。而只有当你不满足于第一个蹦到脑海里的答案，不满足于大家都认为对的答案时，多问一个"为什么"，就具备了"第二层思维"。

客户需要的是"洞"，而不是"钻头"，作为一个企业，最关键的不是你有什么产品要卖给客户，而是应站在客户的角度去考虑，客户的这个需求发出的真正动机是什么，继而从解决动机的基础上为客户提供产品或者方案。否则，当市场出现了更具优势的产品或者方案能解决客户对"洞"的需求时，你的"钻头"便会被无情地抛弃。

第六章　拥有新视角的六大思维

第一节　洞见：纵深性看问题

如果说发散性思维追求的是思维的广度，那么，纵深性思维追求的就是思维的深度，纵深性思维是拉开人与人之间距离的重要因素之一。

纵深性思维是一种"透过现象看本质"的能力，这种能力能从一般人认为不值得一谈的小事，或无须再作进一步探讨的定论中，发现更深一层的被现象掩盖着的本质。其思维形式的特点为：从现象入手，从一般定论入手使思维向纵深发展。

一家餐厅同时雇用了两名员工，他们年龄相近，学历相同，每天做着同样的工作，拿着同样的薪水。半年后，老板给员工甲涨了薪水，而员工乙的薪水还是原封不动。对于老板的做法，员工乙很是不满，他认为自己和员工甲一样勤奋工作，而老板只给员工甲加工资却不给他加，是不公平的待遇，于是便跑去找老板理论。面对员工乙的抱怨，老板什么话也没说，只是让他到集市上去看看有什么卖的。员工乙不明白老板的意图，但还是去了，很快他从集市上回来了，对老板说："今天集市上只有一个老农在卖番茄。""那有多少番茄呢？"老板问道。员工乙又跑到了集市上，数了数有20筐番茄后，回来告诉了老板。"那价格是多少呢？"老板又问他。于是，员工乙第三次跑到集市上，问来了价格。老板让员工乙坐在椅子上，随后他喊来了员工甲，让员工甲也去集市上看看有什么卖的。很快，员工甲回来了，他向老板汇报说："到目前为止，只有一个老农在卖番茄，一共有40筐，每筐的价格是50元，番茄很新鲜，我带回了一个样品，您可以看看；另外，这个老农明天还会过来卖土豆，据我了解，他卖的土豆品质不错，价格也很合理，考虑到我们店内土豆的库存不是太多了，这样便宜的土豆我想您可能有兴趣买一些作为存货,所以我把这个老农请过来了,他现在就在门外等您回话,老板。"听完员工甲的汇报,老板点了点头,然后笑着对员工乙说:"现在你知道为什么他的工资比你高了吧?"

比勤奋更重要的,是深度思考的能力。在这个故事当中,员工甲和员工乙的工作能力其实是一样的,所不同的是他们的思考能力。两人虽然都完成了老板交代的任务,但是因为思维的差异,员工甲的效率比员工乙要好很多。员工乙的思维只停留在表面,老板让他干什么他就干什么,在工作中处于被动状态;员工甲的思维则更有纵深性,他不仅能把老板交代的工作做好,还能想到去做那些老板没有交代的工作。这样的员工在工作中更具有主动性,自然更容易得到老板的赏识。

伯特兰·罗素说:"许多人宁愿死,也不愿思考,事实上他们也确实至死都没有思考。"确实,生活中有很多特别勤奋的人,往往都混得不行,这就是因为他们的思考没有深度,是"低效勤奋者"。

"低效勤奋者"往往不进行深度思考,也不愿意进行深度思考。这种思考上的懒惰,最终会导致他们工作效率低、事业成长慢。学渣与学霸的差别就在于深度思考，普通员工与优秀员工的差别也在于深度思考，小老板与大老板之间的差别更在于深度思考。

2016 年，笔者的公司设立一个近百人的电话销售部门，一开始大家的业绩都差不多，但 3 个月后，情况开始不同了。有一部分销售人员的业绩一直平平淡淡，没有明显的增长，而另一部分销售人员的业绩较之以前却有了大幅度的提升，远远超出了平均水平。一开始公司的管理层以为，这些业绩不好的人是因为电话打得不够多，不够勤奋。于是就给他们硬性规定了每天要打电话的量，可是 1 个月后，这些人的业绩依然不见起色。笔者后来来到电话销售部，把业绩差的员工和优秀员工的打电话数量与电话录音等资料分析了一下，最后发现造成他们业绩差的原因不是电话打得不够多，而是在提供给他们的那些潜在客户名单上。在这几个月内，业绩一般的员工一直使用的是公司提供的号码单，每天上班就是机械地一个个打过去，没有对这些客户名单进行深度的思考和总结。而那些业绩突出的员工，则是在下班后仍然会对白天打过电话的客户进行总结分析，然后挑选出成单率大的客户进行重点跟踪。另外，他们还会自发地寻找新的客户，开拓新的渠道。

通过上述案例，我们不难发现，那些业绩一般的员工，都是在"低成长区"奋斗，而那些绩效卓越的员工则选择了"高成长区"。"高成长区"虽然会花费更多的时间和精力，但也正因为这些付出，才使他们的能力不断得到提高，业绩也越来越好。

从"低成长区"进入"高成长区"，就是深度思考的进一步升级！人和人之间的智力差距其实很小，而最大的差距是来自思维能力。

马云的财富是你的千倍、万倍，但他的智力绝对不可能比你高出这么多倍，他之所以能成为首富，也只是因为他的思维能力比你强一点儿，但恰恰是因为这一点儿，造成了你和他之间鸿沟般的财富差距。

有的人说话很有深度，问题分析得全面透彻，很多人觉得这是因为他口才好，其实不然，他之所以能说会道，也是因为开了"纵深思维"的"外挂"。

具有深度思考能力的人，凡事都会比常人多想几层，看待问题的角度也往往更深刻，就像下象棋，普通人走一步看一步，高手走一步看三步，国手则是走一步能看十步，这就是思维能力深浅的差异。对企业来说，其管理者如果具有纵深性思维，那么企业就更容易在行业中脱颖而出。

在处理问题时，丰田汽车公司都会派相关人员到现场进行实地调查研究，并连问5个"为什么"。工厂地板上有些油渍，这是为什么？这是因为机器漏油了；机器为什么会漏油？这是因为机器垫圈破损了；机器垫圈为什么会破损？这是因为我们采购的垫圈是用廉价材料制成的；为什么要采购这种廉价材料制成的垫圈？这是因为我们要低价采购；为什么要低价采购？这是因为公司是根据短期的成本节约而非长期的公司业绩来考核激励采购部门的。通过这一连串地追问之后，我们就会发现，地板有油渍只是表象，公司给采购部门制定的考核制度的不合理，才是问题发生的根本原因。一旦明确了问题的本质，企业管理者就会变得明智得多，在处理地板上的油渍这个问题时，他就会知道，花两分钟把油渍擦掉并不能防止问题的再次发生，而要想问题能够彻底解决，就需要给采购部门重新建立一套考核制度。

生活中的许多难题其实并不难，是因为我们囿于思维的浅，所以才放大了问题的难度。爱因斯坦曾说过一句很深刻的话：如果给我 1 小时解答一道决定我生死的问题，我会花 55 分钟来弄清楚这道题到底是在问什么。一旦清楚了它到底在问什么，剩下的 5 分钟足够回答这个问题。所谓谋定而后动，强调的正是做事前应有的深思熟虑。

我们不仅要知其然，还要知其所以然，在看待问题时，不妨多问自己几个"为什么"和"会怎样"，尽量去深度思考，去理解问题的本质，只有这样，你才能甄别出那些真正有价值、有营养的东西，所做出的决策也才能抓住问题的实质。

第二节　逆视：逆向看问题

生活中很多时候，我们会被眼前的障碍所蒙蔽。如果能从当前的环境中脱离出来，换一个角度去解决问题，也许就会山重水复疑无路，柳暗花明又一村。有时候，一些事情我们怎么想都想不通，但是换种方式去思考，往往就会豁然开朗，收获意想不到的惊喜。

逆向看问题，就是打破常规的思考模式——对经验的支配，不能全面正确分析事物的思维模式，倒过来想一下，采用全新的观念看事物，却往往有所发现。美国投资家查理·芒格是巴菲特的投资智囊和最佳搭档。有人问查理·芒格：如何找到一位优秀的伴侣？他回答：首先你要成为一个优秀的人，因为优秀的伴侣并不是傻瓜。事实的确如此，你得将自己经营成一个能配得上对方的人，所谓良禽择木而栖就是这个道理。逆向思维能让我们想明白很多事情，更能找到事情的根源和解决办法。

历史上"司马光砸缸"的故事可以说是家喻户晓，是一个非常典型的逆向思维案例。有人落水，常规的思维模式是"救人离水"，而司马光面对紧急险情，运用了逆向思维，果断地用石头把缸砸破，"让水离人"，救了小伙伴性命。一个垂钓中心开业，钓费100元。招来很多钓友，但是，总有人一整天没有钓到一条鱼，老板说凡是没有钓到鱼的，就送一只鸡。于是，很多人即使没有钓到鱼，但还总是要来，原因是这家店的老板大方，够意思。有人不明其理，就问老板，那些没有钓到鱼的人是心甘情愿来钓鱼的，你何必白送一只鸡给他们呢。老板说，我实话告诉你，我是养鸡大户，这鱼塘本来就没有鱼，我是想销售鸡的。老板的高明之处就是打破传统的思维模式，巧妙地去掉库存，还让客户在娱乐中心甘情愿地买单，新时代，做销售必须要打破传统思维。

一个妻子想让下班的丈夫早点回家，于是规定，晚上 11 点不回家就锁门。在第一星期里，丈夫按照规定，晚上 11 点准时到家。可是，第二周丈夫就开始晚归了，妻子按照规定把门锁了，于是，丈夫干脆就不回家了。妻子很担心，后经高人指点，修改规定：晚上 11 点前不回家，我开着门睡觉。丈夫大惊，从此准时回家。可见制度的精髓不在于强制，而在于对被执行者利益的拉动，这也是逆向思维带来的方法。

以前的工厂效率低下，人围着机器和零件转，每个工人累得半死效率还不高。后来有人改善了工序，让人不动，零件动，这样逐渐就发展出流水线的概念了，效率大大提高，日本就是一个逆向思维盛行的国家。

一个商人向哈桑借了 2000 元，并且写了借据。在还钱的期限快到的时候，哈桑突然发现借据丢了，这使他焦急万分！因为他知道，丢失了借据，向他借钱的这个人是会赖账的。哈桑的朋友纳斯列金知道此事后，对哈桑说："你给这个商人写封信过去，要他到时候把向你借的 2500 元还给你。"哈桑听了迷惑不解："我丢了借据，要他还 2000 元都成问题，怎么还能向他要 2500 元呢？"尽管哈桑没想通，但还是照办了。信寄出以后，哈桑很快收到了回信，借钱的商人在信上写道："我向你借的是 2000 元钱，不是 2500 元，到时候就还你。"这就是逆向思维，逆向思维作为一种方法论，具有明显的工具意义，用好了会让你打开通向成功的大门。

上面的例子告诉我们，看问题要有逆向思维，有了逆向思维，问题往往会迎刃而解，前途一片光明。但是，这些在日常生活中司空见惯的事情，我们究竟如何能做到运用逆向思维巧妙化解，一步步走向成功的彼岸？在这里，我们就要弄清楚什么是逆向思维。

逆向思维是指为实现某一创新或解决某一因常规思路难以解决的问题，而采取反向思维寻求解决问题的方法。

具体说来，逆向思维包括下面三种类型：

1. 反转型逆向思维。

2. 转换型逆向思维。

3. 缺点逆向思维。

霍华德·马克斯在《投资最重要的事》一书中，开篇就谈到了"学习第二层次思维"。他这样写道：第一层次思维说："这是一家好公司。让我们买进股票吧。"第二层次思维说："这是一家好公司，但是人人都认为它是一家好公司，因此它不是一家好公司。股票的估价和定价都过高，让我们卖出股票吧。"第一层次思维说："会出现增长低迷、通货膨胀加重的前景。让我们抛掉股票吧。"第二层次思维说："前景糟糕透顶，但是所有人都在恐慌中抛售股票。买进！"第一层次思维说："我认为这家公司的利润会下跌，卖出！"第二层次思维说："我认为这家公司利润下跌得会比人们预期得少，会有意想不到的惊喜拉升股票。买进！"……这是一个典型反转型逆向思维的案例，从案例中我们不难看出两层思维模式的人看待事物有两种不同的判断标准，可以说是南辕北辙，是两个相反方向，两个极端。而现实生活中，针对这类案例，我们人类思维模式必然会出现这两种截然不同的方法和方式，因为只有通过这样的方式，才能得出问题的正确答案。

司马光砸缸这个故事是一则典型的转换型逆向思维，司马光在采取正常思维模式而无法救人的时候，转换一下思路，换成另一种手段。

我们看到车间生产金属粉末的流水线，金属粉末加工原理就是金属腐蚀原理。这是一则缺点逆向思维案例。这个案例就是利用金属腐蚀的缺点来完成金属加工成粉末的事实。

在现实生活中，逆向思维的案例随处可见，我们只有通过学习逆向思维，掌握逆向思维特征，熟练地驾驭逆向思维，才能事半功倍地解决人生面对的诸多问题和困惑，才能游刃有余地走向成功的巅峰，享受属于自己的财富殊荣。

第三节　想象：发散性看问题

人一生的思维方式，都源自于之前的路径依赖，这种方式虽然能保证我们的舒适，但同时也禁锢了我们的创造力，让我们变得平庸。

定势思维是一把双刃剑，这种思维虽然可以使我们在工作生活中快速入手、驾轻就熟，高效率地应对方方面面，但是，当遇到那些需要开拓创新的问题时，这种思维方式就会变成"思维枷锁"，会阻碍一个人的创新进步。

某名牌大学，班上有个男同学智商特别高，数学题就没有他不会做的，为此他常常到处炫耀，很是得意。一天，一位女同学拿了一道题来考他，问他能不能给出正确答案。男同学一听来了兴致，就让女同学提问。于是女同学便给出了以下题目：一个聋哑人来到五金店买钉子，对售货员做了这样一个手势：左手一个手指立在柜台上，右手握成拳头敲击这根手指。售货员见状，递给了他一把锤子。聋哑人摆了摆手，又指了指立着的那根手指。这下售货员终于明白了，原来聋哑人想买的是钉子。聋哑人走后，紧接着又来了一位盲人，他想买一把剪刀，请问：这位盲人该怎么做？

这位男同学听完，伸出了食指和中指比了个剪刀状，说："盲人肯定会这样。"

女同学一看乐了，说："我就知道你会这样说，盲人想买剪刀只需要说'我想买剪刀'就行了呀！干吗要做手势？"

男同学听完羞愧难当，再也不到处说自己智商高了。

人们常常说那些读书多的人是书呆子，实际上，并不是因为读的书多人就会变"笨"，而是因为他所获得的知识和经验，会在头脑中形成一种思维定势，这种思维定势会束缚人的思维，让人在遇到问题时不能多加思考，只会按照固有的角度和原有的思维路径去展开。

我们形容苍蝇常常说它是无头苍蝇，因为它没有目标只知道乱飞，而蜜蜂则是高智商的代表，因为它们懂数学、会决策，甚至还会共享生活技能，但是，就是这样一个智商高的物种，却在一次实验中输给了苍蝇。

让我们来看看是怎么回事：有一位学者将 10 只蜜蜂和 10 只苍蝇一起装进了一只玻璃瓶中，然后将瓶底对准了点着的蜡烛。结果发现，所有的蜜蜂都一股脑地往瓶底飞，不断重复地碰着瓶底，直到力竭也不会改变方向；而苍蝇只用了一两分钟的时间就都从瓶口逃出去了。

蜜蜂的思维是基于亮光来找出口的，但也正因为这种固有的思维模式，所以它们才没能逃出玻璃瓶，而那些苍蝇则完全没有这种定势思维，它们是想往哪里飞就往哪里飞，这个方向行不通就换个方向飞，最终碰到瓶口顺利获救。

罗伯特·西奥迪尼在《影响力》一书中提到权威原理，这也和思维定势有关。权威原理是指：在看待问题时，人们更喜欢听取专家的意见。人们总是相信，那些衣冠楚楚，有着各种头衔和财富的人，可信度更高。一个衣衫褴褛的乞丐看起来会比一个西装笔挺的人更像小偷；一个专家说的话会比一个普通人说的话分量更重；而一个开着豪车住着豪宅的人，其社会地位会更高。这些都是人们因为局限于既有信息或认识产生的现象。

这种带有主观偏见性的对权威的敬重，有时候是很危险的，因为权威也会伪造，也会欺骗。市场上各种通过假冒权威、伪造专家来骗取人们信任的例子比比皆是。在很多医药广告中，常常会有一个穿着白大褂的所谓的"医生"拿着某款药品向我们推荐，或者是一个曾在某部影视剧中出演过医生角色的演员出现，厂家通过这样的方式进行权威包装，即刻便会让我们相信其权威性和真实性，继而购买而上当受骗。

固有的东西是很难打破的，但是正所谓"不破不立"，你要想突破自己，就得先打破这些固有的、惯性的思维。

发散性思维是一种保持创造力的基本能力。所谓发散性思维，指的是大脑的思维能够像一束光一样，从点到面、从局部到四周的具有扩散性的思维。在针对某一问题的解决过程中，利用发散性思维能够寻找出多种可能的解决办法，简言之，就是一题多解，一事多想，一物多用。

有位心理学家曾做过这样一个实验：他在黑板上用粉笔画了一个圆圈，问台下的学生这是什么？台下的学生中有大学生和小学生，其中大学生的回答很一致："这是一个圆。"而那些小学生则给出了各种各样的答案："足球""太阳""救生圈""奥利奥"……可谓是五花八门。这些小学生的答案便是发散性思维。大学生的答案也许更符合这位心理学家所画的图形，但是和这些小学生的答案相比，却显得单调无比，缺乏想象力。

对于大多数人来说，尤其是成年人，由于受以往知识和经验的影响，我们在看待问题时对很多事物的理解往往都是抱着习以为常的态度，很少有人会去进行仔细的推敲，因此便造成了我们思维上的许多定势，甚至是"误势"。而那些能够克服这种思维定势的人，往往更容易创造出新的事物，成为强者。

几千年来，下雨时天空中总有雷电交加，但却很少有人注意或者去深究这一现象，直到后来富兰克林冒着生命危险用风筝钥匙和金属片捕获了雷电的奥秘，给人类带来了光明；鲁班在拔草时，手掌被草划破了，他拿起草仔细观察，发现划破他手掌的草叶边缘有很多呈锯齿状的小毛刺，据此他受到启发，发明了锯；伽利略也正是顶着亚里士多德传统理论的巨大压力证实了他的"两个铁球同时着地"的定理。

可见，能够进行发散性思考的人往往更容易打破常规、找出新意，这类人更具有变通性和创造性，这点对企业而言也至关重要。企业在经营的过程中往往会出现各种各样的险境，如原本属于自己的客户却被竞争对手意外抢走，技术部新研发出来的一款产品却找不到市场定位，等等，这些接二连三的问题往往让很多企业管理者防不胜防，疲于应付。而想要突破这些困境，就需要管理者有成熟的解决问题的能力，这种能力便要用发散性思维去培养。

在"双十一"期间，某家首饰店即利用发散性思维进行了一场促销活动。这家首饰店在全国有100多家的实体连锁店，线下做得很成功，但在网络销售这块却没有什么经验，网店开张了几个月都没什么人气。没人气就不会有成交，怎么办？眼看"双十一"大促销在即，首饰店的老板在经过彻夜研究分析后，做出了一个大胆的决定：在网上找一家人气较高的品牌服装网店进行合作！这两家完全不着边际的店进行合作，让人觉得非常不靠谱，但是最后却出乎意料地达到了双赢的效果。

那么，他们是怎么进行合作的呢？经过一番调查我们发现，他们的合作方式是这样的：你卖货我送礼。凡是在服装店消费 200 元以上的顾客，就可领取首饰店送出的 50 元现金券，顾客拿着这 50 元现金券可以在这家首饰店的网上店铺进行抵扣，也可以在线下实体店内享受一次免费的眼睛验光。于是短短几天，这些现金券便为这家首饰店的线上和线下同时带来了不少的人气和相当可观的利润，而那家服装店也借势大赚了一笔。

首饰店这种营销模式便是运用了发散性思维，让人充分发挥想象力，将原有的思维、观念进行重新组合，继而得到更多的解决办法。那么该如何进行发散性思维的培养呢？在此给大家提出几个关键点。

首先，打破常规、弱化思维定势是培养发散性思维的前提，简言之，就是让你的思维"放飞自我"。在面对一个问题时，充分发挥你的想象力，能够从很多个角度去思考，找出各种不同的答案，并把这些答案用笔记下来。经过一段时间的练习后，再遇到紧急的事情，你就能快速地想出很多解决办法。

其次，尝试用角色互换的方式看待问题，即将自己代入对方的角色去思考。例如，关于一只碎掉的杯子，从一个学经济学的人的角度去思考，是成本增加的问题，碎掉意味着还得重新买一个；而从一个注重情感的人的角度去思考，则是这个杯子是恋人送的，碎掉会引起一场情感上的风波。

最后，要善于利用逆向思维，从与事物相反的方向去思考。圆珠笔在刚被发明的时候一直有漏油的缺点，为解决这个问题，制造商一直局限在寻找耐用的圆珠笔材料这一思维定势里，结果进展都不大，直到后来，日本的一位发明家用逆向思维很快便突破了这一难题。这位发明家在研究改进的时候发现，一支圆珠笔在写到 2 万字的时候才会出现漏油的情况，他想既然这样，那我就把圆珠笔的油墨控制在只能写 1.5 万字的量，这样不就不会漏油了吗？经过试验，他的这一举措获得了成功。

能够把人限制住的，只有人自己。人的思维空间是无限的，就像俄罗斯方块一样，有亿万种可能的变化。条条大路通罗马，很多问题其实并不难，是因为你陷入了思维的固定模式，才放大了问题的难度。也许你正被困在一个看似走投无路的境地，也许你正囿于一种两难选择之间，记住，所有难题都是你的思维定势所生，所有困境也都是你的思维惯性所致，只要你勇于摆脱固有的观念重新看待问题，一定能走出一条跳出困境的康庄大道。

创造性思维需要有丰富的想象力，一个具有创新能力的人，必然是一个具有发散性思维的高手。企业管理者不要永远沉浸在固有思维模式上，合理利用发散性思维可以为企业带来更多的创新和机会。思维开阔了，解决问题的点子自然也就多了，这对提升企业的发展速度是非常有益的。

第四节　远眺：趋势性看问题

一个人胜不了一个团队，一个团队胜不了一个系统，一个系统胜不了一个趋势。趋势性看问题可以让一个人走得更快，让一个企业走得更远。

有一对双胞胎一起大学毕业，一个加入了腾讯，另一个去了报社。几年过去，随着网络媒体的不断发展，去腾讯的已经是年薪百万，而去报社的，因为整个产业的沉沦，被迫下岗，一切都需要重来。这对双胞胎的能力相当，但结果为什么会差别这么大？最本质的核心问题就是他们所选择的这两个单位前景发展不同——一个行业在快速崛起，另一个行业在快速崩溃。这就是本节笔者要讲的内容，即趋势性看问题。

中国有句老话叫"士别三日，当刮目相看"，这句话反映了世间万物都是在变化中发展的道理，所以我们看待问题的方式也应是具有远眺性的、趋势性的，要能看到这个问题、这个事物，它在将来的发展趋势会是什么样子的。问题是"点"，趋势是"线"，看待问题一定要看到你所切入的这个点是在一条什么样的趋势线上，否则无论怎样进行优化，也不过是在这个"点"上白耗力气。

善于判断浪头方向的船长，远比只会划动船桨的水手重要。而在一个高速发展的时代里，会判断趋势的人，也远比能力重要。在大势面前，人的努力和能力根本不值一提！

现在被称作新能源的电动汽车，其实早在 1881 年就被发明出来了，如果你能提前发现这股趋势，那么你很可能就是今天受追捧的"特斯拉"。

一个人的命运，要靠天分，要靠奋斗，但更重要的是要认清自己所处的历史进程，努力和趋势的对比，就好比出生于贫民家庭和富贵家庭的差别。笔者有个大学同学，出生在一个偏远山村的农民家庭，家里把他供到高考就已经一贫如洗了。为了能够缴纳昂贵的大学学费，他课间去帮周边的餐馆洗碗，周六、周日就到超市去当临时促销员。平时去食堂打饭，他总是挑最便宜的，衣服一年四季也总是身上那一套。可是即便日子再苦，他每天依然斗志满满，就这样熬到了大学毕业。毕业后，他本以为靠着自己的知识会出人头地，改变命运，可是在社会上摸爬滚打几年后，他所取得的成就还不及那些富裕家庭子弟的 1/10。

贫困家庭就相当于"努力"，而富贵家庭就是那个"趋势"，笔者认为如果每个人都有选择出身的权力，肯定都会选择生在具有"趋势"的富贵家庭。很多时候不是你不够努力、不够优秀，而是无论你多么努力，都会有一道结结实实的屏障，横在你和那些中产子女的中间。

出身不可选，但是趋势可以选，在时代的洪流中，你只有站在浪潮上，才能乘风破浪！小米创始人雷军曾说：自己早年做事情，一直达不到理想的结果。若说不够勤奋，可马云也没比自己勤奋呀，人家好像每天都在云游四方，自己恨不得忙到 7×24 小时，都勤奋成劳模了。

很多年后，雷军才明白真正的问题所在：自己没有顺势而为，没有把事情做到点上。

凡·高和毕加索都是闻名世界的画坛巨匠，两人虽然处于同一个时代，命运却大相径庭：凡·高生前穷困潦倒，虽然一生画了 900 多幅画，但在生前却只卖出了一幅，只能靠弟弟接济维持生计，最后饮弹自杀。与凡·高相比，毕加索就幸运多了。毕加索是美术史上最长寿也是最有钱的画家，他一生结过两次婚，死后留下了7万多幅画作以及大量豪宅和巨额现金。

为什么凡·高的命运会这么悲催？其实不是他不努力，而是他的作品不属于那个时代。其实不仅是凡·高，当时印象派的其他画家同样也没受到社会的认可。在19世纪中叶，主导美术主流地位的还是传统的古典写实主义风格，而且当时有一定地位的都是学院派，他们的画风严谨细腻，注重写实。而凡·高的画风怪异，不讲究细腻和细节，他只是沉溺在自己的内心世界里，画作呈现出来的更多的是精神世界的绽放，这种风格与当时人们的审美格格不入，自然就不受欢迎。

但是同样属于印象派，毕加索就显得很识时务，而且还非常有商业头脑。毕加索去饭店吃饭，他不用现金结账，而是喜欢用支票付款。那些拿到毕加索亲笔签名的店主都不会去银行兑换现金，这是因为毕加索声名显赫，他们相信，收藏这张支票会更有价值。

另外，毕加索创作画作也很贴近现实。在他的作品中有一幅画叫《格尔尼卡》，这幅画颜色单调，内容光怪陆离，看起来很像小孩子的涂鸦，丝毫看不出它的价值能达到上亿元人民币。

其实在这幅画的背后，有着一个令人心碎的故事。在第二次世界大战期间，德国军队轰炸了西班牙的小镇格尔尼卡，并对小镇上的平民大开杀戒。为了纪念这起事件，当地的政府邀请毕加索为这些遇难的灾民画一幅画，于是便有了这幅《格尔尼卡》。

这幅画的历史意义是，它鼓舞了西班牙人民，给了当时处于战争黑暗的西班牙人民生的希望，所以它价值连城。

中国有句话叫：识时务者为俊杰。毕加索的成功就在于识时务，他很能认清自己所处的时代，能够顺应时势进行画作创作，所以他能取得成功。

在教育孩子的问题上，很多父母一贯秉承的观念是"不要输在起跑线上"，周六、周日给孩子报各种各样的补习班，其实，家长的格局，才是孩子最好的起跑线。马云曾经说过，一个成功的创业者需要具备三个因素：眼光、胸怀、实力，而这三个因素中笔者认为眼光应该排在第一位，因为做正确的事远比正确地做事要重要得多。人不可能在一个没有金矿的地方挖出金子来，同样，在一个处于下降趋势的行业，企业也不太可能得到发展。马云的成功也正在于他有独特的眼光，在刚开创互联网事业时，国内的房地产行业正炒得热火朝天，很多人都放弃了固有行业，投身到房地产行业想分一杯羹。面对这一大潮，马云却毫不理会，他把好钢用在了刀刃上，选择了互联网行业。那个时候，国内能使用计算机的人还是少数，但马云却从美国互联网的发展中看到了国内未来发展的趋势，正是这一选择，给他的梦想插上了翅膀，造就了他的财富传奇。

在这个时代，勤奋不等于成功，真正起作用的是机遇、是选择、是方向。核心在于不要把精力浪费在不重要的事情上，一个公司制胜的关键是正确的决定，而不是最投入的那部分。

人没有高度，看到的都是问题；没有格局，看到的都是鸡毛蒜皮！成功的人，眼光永远比别人看得远。无论是个人还是企业，如果你所处的经济体不是趋势向上的，那么你无论付出多大的努力，也很难赚到钱，甚至还会被淘汰。着眼现在，放眼未来，企业要看得远一些，不可鼠目寸光，拘泥于眼前的一事一物和利益得失，否则只会把路越走越窄。

富无经业，货无常主，商业的本质就是这样，没有一直赚钱的行业，也没有一直不淘汰的商品。在这个永恒变化的世界中，没有任何一种业态、模式可以永远领跑，只有紧跟时代节奏，不断地创新变革，才能立于不败之地；只有学会趋势性看问题，才能顺势而为，也才能趋利避害。看问题不应仅仅停留在现在，而应看到它的趋势，一个有远见的企业家，在未来的市场中，无论如何都不会缺席。

第五节　真知：求真性看问题

有句老话叫耳听为虚，眼见为实，眼睛对人的判断力无疑有很大帮助，但是我们也不能太相信自己的眼睛，因为有时候，真相往往不是你我眼睛所看到的那样。

在孔子的所有弟子中，颜回的德行最为让他欣赏。有一次，孔子和颜回一起外出，两人走到一处偏僻山野时，肚子饿得咕咕作响，于是，颜回便让孔子在原地休息，自己则从山下农家讨来了一碗白米饭。颜回端着饭上山的时候，山风太大，吹了一些灰尘到饭里，颜回舍不得浪费，于是便边走边把那些沾了灰的米饭吃了，这一幕正好被站在山上的孔子看见了，孔子就认为是颜回饿了偷饭吃，等颜回走到山上将这碗白米饭端给孔子的时候，孔子故意说："我们在这兵荒马乱的年代还能有饭吃，实在是上天的恩赐，不如先用这碗米饭来祭祀下上天吧！"颜回听孔子这么一说后，面露难色："夫子，我们不能拿这碗米饭来祭祀上天，刚才我端着它上山时，有一些灰尘被风吹到了碗里，我怕浪费就先把那些沾了灰尘的吃了，这碗米饭终究还是不干净了，因此不能用它来祭天。"听颜回这么一解释，孔子羞愧难当，他感叹道，我亲眼看到的都不一定是实情，更何况是从别人那里听来的呢？

的确，这世界上有很多人就是因为太过于相信自己的眼睛，最终导致对事物的本质进行了错误的判断。眼睛看到的只是我们对事物进行判断的一个依据，并不是全部，想要完全理解清楚一个事物的本质，还需要我们有一个求真的态度，一个求真的过程。

齐桓公还有三个特别宠信的近臣：易牙、开方、竖刁，这三个人对他都特别的忠诚。齐桓公想吃人肉，易牙就把自己的儿子杀了，蒸给齐桓公吃；开方本来是卫国的人质，后来被齐桓公征服，开始一心辅佐齐桓公，就连自己的父母死了，开方都没回去吊丧；竖刁因为掌管后宫的佳丽，所以经常会和这些嫔妃们有所接触，为了消除齐桓公的顾忌，竖刁就亲手把自己阉割了。

这三个人的举动都让齐桓公深受感动，后来丞相管仲病危了，齐桓公就想从这三个人中挑选一个人做管仲的接班人。不料管仲却连连反对：易牙连自己的儿子都杀，这人没有人性；开方弃自己的父母不管不顾，心肠太歹毒；竖刁阉割迎合国君，残忍无比。后来管仲死了，齐桓公没有听管仲的话，让这三个人都掌了权。结果齐桓公一病重，这三个人就开始造反了，把齐国折腾得一片大乱，最后齐桓公也被活活饿死了。

表面上对你好的人，其实最薄情寡义！都说人心隔肚皮，并不是所有对你好的人，都是真心希望你好，很多都是另有所图。

有这样一则寓言：农场有个马夫每天给马擦洗身子，梳理鬃毛，其他马夫看到夸他对马真好，马听了却不乐意了：你们看到的只是表面，却不知道他背地里偷偷把喂我的大麦卖掉了。如果他是真心对我好，绝对不会这样做！

确实，从表面看，马夫对马是挺好，又是洗又是擦的，可事实呢？他把马最需要的口粮卖掉了！你能说他这是好吗？

在职场中，这种"马夫"式的假好人也很常见。他们往往虚情假意，尤其是对那些职场新人更是格外"照顾"，实际却是在"挖坑"。

假好人比真坏人更可怕，害人也终会害己。一个真正有价值的东西绝不会在一年前万众瞩目，一年后就无人问津。

企业进行扩张是发展历程中的必经之路，在当前竞争激烈的社会，企业的规模甚至关系到企业的成败，控制适当有利于企业的长久发展，但不求事实盲目扩张的行径则会使企业陷入危机四伏的境地。有很多跨国知名公司就是因为盲目扩张走向衰亡的。

美国安然公司曾是世界上最大的电力、天然气以及电讯公司之一，在 2000 年，它的营业额高达 1000 多亿美元，但是仅仅一年后，这家公司就申请了破产保护。综观安然崩溃的原因，最直接的是其在扩张的过程中采取了一系列欺骗投资者的行为，如操纵公司财务报表等，以期来维持所谓的高增长。假的终归是假的，当这些手段被揭穿后，必然会引起市场的反击，最终安然受到了惩罚。

曾经鼎盛一时的凡客诚品也是因为盲目扩张最后走向了衰落。当年，陈年扬言要做到 100 亿元的营业额，为了达到这个目的，凡客开始大跃进，疯狂招工，盲目扩充品类，扩充到最后甚至还卖起了拖把！盲目开疆拓土的背后是产品品类越来越杂，质量也越来越差。一年后，凡客就亏损了近 6 亿元，几乎是一夜之间，凡客从巨人跌落到了濒临崩溃的边缘。

建立在沙滩上的大厦迟早会坍塌，而只有求真务实，才能夯实企业的地基，这也是企业发展的关键所在。真相是一个企业思考判断与行动的指南，企业的决策，如果是建立在虚假情报的基础上而制定的，就有可能会犯错，而保持足够的怀疑求真精神，我们就不会在没弄清事实前贸然参与。这也许会让我们错失一些机会，但至少可以避免我们为此付出惨痛的代价。

一家企业要想有长久的发展，必须要有一个求真的态度，无论是做决策还是投资，都要去认真考察市场的真实行情，只有这样，企业才能发现真正的市场需求，进行正确、科学的生产。

有多大的碗，装多少的饭，碗还不够大的时候，不要贪太多的饭。企业管理者不能仅仅满足于提出新奇概念和口号，还应该积极地去实践它，去探究它的真实性以及可操作性。实践出真知，我们不应该惧怕犯诚实的错误，但必须以更诚实的态度来对待错误。企业在制定战略时，不妨问问自己，抓住了这次机遇，就真的会获得成功吗？投资的这个项目，只是表面风光，还是真的有利可图？一个企业是否能抓住机遇，加快发展，一个很重要的方面就是能否坚持求真务实。

被石头绊倒一次并不可怕，真正可怕的是被同一块石头多次绊倒，而狼来了的故事听多了，也就不会再有人相信。企业只有坚持求真，才能真正做到可持续性的创新，也才能把自己的"碗"做大，"碗"大了，就不会愁没有资源和机会。

第六节　审视：批判性看问题（辩证看）

有一种常见的思维方法，能帮助我们从别人注意不到的地方发现机会，它就是批判性思维，即用辩证的角度去看待理所当然的"标准答案"。

宣传奇才哈利，相当于美国宣传行业的乔布斯，他开创了美国宣传领域"以赠换销"的先河。该思维与他青少年时在马戏团卖零食的打工经历密不可分。当时他注意到一个现象：入场后想买东西吃的观众很少，饮料更是少有问津。一天，哈利问老板可否向每位买票观众赠送一包花生。但老板坚决不同意。从常识来看：本来就赚得很少的生意，一旦加上赠送，这就是明摆着赔本。但哈利不这么认为。于是，哈利用自身工资做担保才得到老板同意。第二天他立刻大声吆喝"买票看戏，免费送花生"，买票观众明显比往常多了几倍，而进场后，绝大多数观众在吃完花生后还会因口渴而再买一瓶饮料，因此一场马戏下来，营业额反而比平常增加了十几倍。

何止商业，每一次进步，无不体现着"批判性"思维的身影。古希腊著名学者亚里士多德为人所敬仰，他和托勒密的"天动学说"（又称地心说）历经几个世纪都被奉为圭臬，并被当时欧洲最高权威的教皇奉为真理，流传 1800 多年。直到 16 世纪哥白尼提出了"日心说"才真正推翻了他的错误，人们才意识到，如果没有哥白尼的批判性思考，天文学不会达到今日的高度，对宇宙的探索也难以取得今日的成就。

人的思维容易被传统的理念所控制，我们习惯用已知的概念和观念去判断未知的、新的事物，一旦与以往的认识完全不同，立刻会产生一种排斥情绪。别忘了胜者为王统治下撰写的历史教科书有不少"指鹿为马"的教化！人们所熟知的传统观念不一定都是真理！

批判性思维，能让人看见框架，跳出框架，探索框架外的世界。这番探索能开阔视野，打开新局面，能让事业以难以置信的速度达到一种他人难以企及的新高度。

笔者有一位朋友，工作不到 5 年就被提拔为公司副总裁。一群朋友都请教他是如何做到的。他笑着提了一个问题："如果领导让帮着订的航班没票了，该怎么办？"有人说查看其他航班，有人说顺便看高铁，他点头后笑着说："那你们谁知道领导为什么要去那儿吗？为什么要指定那趟航班吗？"这时候我们都面面相觑了。他说自己会反思"必须这趟吗？背后有什么考虑？必须航班吗？必须 3 小时到达吗？"等问题，然后深入了解这项指令背后的意图，了解更多信息后再带着自己的思考去询问老板，最后才会开始行动。

批判性思维不是无端质疑，不是一开始就否定"标准答案"。而是带着疑问更深入地了解"标准答案"，去理解背后的逻辑，并顺藤摸瓜，不断深入直至找出标准答案对应的"根本问题"。然后用新的逻辑去回答"根本问题"，甚至直接回答新的"根本问题"。

如果说人生是一场打怪升级的游戏，那批判性思维就是每个人都有的武器和装备。批判性思维越强，武器越锋利，遇到各种挑战时也越能轻松解决，从而进入更高的层次。

第七章　比速度更重要的是极限思考的能力

第一节　怎么挑战思考的极限

受社会接触面和精力的限制，一个人的能力始终是有限的，思维也是有局限性的，很多时候不管你怎样努力，就是很难达到想要的那种高度。

思维的枯竭对企业管理者来说，相当致命。因为高层的每一个决策，都会起到牵一发而动全身的作用，如果这个决策不够明智，不是最佳，那么将直接影响到企业的整体业绩，甚至是成败。

俗话说："一个篱笆三个桩，一个好汉三个帮。"当个人思维达到极限时，要想突破瓶颈，最好的办法就是寻求外力的帮助。在本书的第二章第三节中，我们讲道，孔子的学生子贱每天弹琴唱歌都能把政务管理好，这不是他运气好，也不是这个地方好治理，而是他懂得借用下属的智慧、下属的力量来帮助他。管理企业也是这样，有句话叫一个人干不过一个团队，同样，一个人的智慧也抵不过一群人的智慧，众人划桨才能开动大船，所以要想企业走得更远，决策做得更明智，管理者就要懂得借力，懂得寻找智脑团队的帮助。

那么，这个智脑团该从哪里找？首先，肯定的一点是，你要多看书。古语云，读书破万卷，下笔如有神，多读书对我们来说总是有好处的。海尔集团的董事长张瑞敏每周就保持着读三本书的习惯，他通过阅读不仅开阔了自己的思维空间，也造就了他在企业管理问题上的深度思考。所以我们要多读书，从书中汲取我们想要的知识和智慧。

其次，企业管理者可在公司内部获取智慧，如组织头脑风暴。头脑风暴是一种发挥集体智慧的会议，这种会议在设计类公司中很常见，全球顶尖的设计咨询公司IDEO便是这方面的典范。"想要收获一个好点子，首先要获得很多个点子"是IDEO公司推崇的一句至理名言，利用头脑风暴法，IDEO 公司差不多每小时都能收集到 100 多个点子，形成一个"点子池"，然后管理者再从这些点子中进行筛选、整理，使用这个办法最终得出一个明智的决策便不会再是难事。

最后，还要善于借助企业外部的智慧。除了在公司内部开会集思广益外，我们还应该学会在企业外部寻找智慧。企业管理者如果只是在本行业内闭门造车，思维的局限性和风险就会依然存在。

有这么一位企业家，无论工作有多忙，他都会在每个周日专门腾出一个下午的时间，请一些朋友到家里来喝茶。他请过来的这些朋友都是来自各行各业的佼佼者，在喝茶的间隙，他经常会有意或者无意地和这些朋友聊些在企业经营中遇到的趣事或者问题，并寻求他们的意见。正是这看似闲谈的一场场茶话会，却为这位企业家在做决策时提供了许多有价值的点子，几年下来，他公司的很多创意都是源自这个茶话会的智囊团。

人生要借力，而不是尽力。阿基米德曾经说过："给我一个支点，我就能撬起整个地球。"作为企业的管理者，在举棋不定时、无法做出决策时，也应懂得去寻求这个支点，借用别人的智慧，来突破你的思维瓶颈。

给予，有时候也是一种借力。英国的大英图书馆在世界上非常有名，里面的藏书非常丰富，光是取书就需要花上半个小时的时间。1973 年，这家图书馆决定搬家，可是算了一下，运费需要 600 多万元。这是一笔很大的开支，图书馆一时拿不出来，这可把馆长愁坏了。

这时候，有个图书管理员给馆长出了个主意，结果没花一分钱就将这些图书全部运到新馆里了。他是怎么做到的呢？原来是让图书馆在报纸上登了这样一个广告：从即日开始，每个市民可以从旧大英图书馆免费借阅 10 本书，两个月后再归还到新馆。

就这样，图书馆借用大家的力量搬了一次家。

思路决定出路，当我们遇到困难时，不妨让自己的脑子来个急转弯，那些在你眼里的困难，也许正是他人所喜欢的。

借力，也是一种了不起的能力，没有风，植物的种子就不能传播；没有风，帆船也就不能航行，有时候，你的竞争对手也是很好的借力对象。周瑜十分妒忌诸葛亮的才干，一天周瑜在商议军务时提出让诸葛亮赶制 10 万支箭。机智的诸葛亮一眼识破了这是一条害人之计，不过他还是答应了，并淡定地表示"只需要三天"。在一个起大雾的早上，诸葛亮派出几千艘木船，船上扎满了稻草，佯装攻打曹营的样子。曹操生性多疑，命令所有的弓箭手万箭齐发，结果不到一个时辰，10 万只箭就射到了船上的稻草上。诸葛亮用妙计向曹操"借箭"成功。谁说借力只能面向"我的同事、我的朋友、我的亲人"，有时候你的竞争对手也是很好的借力对象。

人心齐，泰山移，不要小看每一股力量，只要利用得当，四两也可以拨动千斤。借力不仅是一种能力，也是一种勇气，更是一种智慧。人和人之间之所以会有矛盾，就是因为傲慢。都觉得自己比别人更高明，比别人更有见识，比别人更正确，于是相互轻视，矛盾也就逐渐生成了。把心态放低，多欣赏他人的优点，让傲慢的心变得谦虚恭敬。突破"我"的局限，世界才会更宽广。

第二节　什么样的情况下，你的思考会让你 变得怯懦而裹足不前

人最强烈的感情是恐惧，而最强烈的恐惧是未知。未知让我们不敢前进，恐惧则让我们害怕失败。

驴和马是好朋友，在大学毕业后，有家公司同时向他俩抛来了橄榄枝。这家公司提供了两个职位供他们选择，一个是在公司里面拉磨，一个是去西天取经，并对他俩介绍说，这两个工作各有利弊，在公司拉磨的好处是工作安逸稳定，不用遭受风吹日晒，不过不会得到升职加薪的机会，风险可知；而去西天取经的人，在完成任务回来后，会被提拔为部门经理，不过这个任务公司至今还没派人去过，可谓是风险未知。听主管这么一说，本来想去西天取经的驴害怕了，他担心去西天路途遥远，路上会有什么不测，于是在经过一番思考后，他选择了拉磨。最后马选择了去西天取经，三年后，他历尽艰辛，圆满完成任务回来了，回来当天就被老板提拔成了部门经理，驴看到后很后

悔，因为这时的它还在原地踏步，每天做着重复的工作。

客观情况裹足，主观态度不前，这是驴没去西天取经的原因，也是很多企业不敢前进的原因。人都有趋利避害的本能，企业也一样，当对一个决策的风险无法预知时，它们往往会选择不执行、不行动。这种保守的做法虽然能避免企业因为冒险而可能遭受的损失，但同时也会因此而失去发展的机会。就像选择拉磨的驴一样，在马去西天取经的那几年，驴走的路其实一点也不比马少，但却失去了升职的机会。

百事可乐公司曾经向可口可乐公司发起了一次强有力的挑战，在百事可乐公司的挑战下，可口可乐公司陷入了不利的竞争局面。为了重新占领市场，扎曼临危受命，采取了更换可口可乐味道的新营销策略。扎曼自以为这将是一次成功的决策，不料最终却给可口可乐公司带来了一场灾难：由于扎曼在制定策略时忽略了顾客口味不可变性这一因素，导致了他推出的甜味的可口可乐并不被市场接受。无疑，这是一场失败的尝试，后来，可口可乐公司不得不把老口味的可口可乐重新摆上柜台，以挽回市场。由于这次的失败，让扎曼在公司备受攻击，不久他便离开了可口可乐公司。这次的失败，并没有让扎曼消沉，他和一个伙伴在亚特兰大一间地下室合伙开了一家简陋的咨询公司，专门给微软等这样著名的公司提供咨询服务，在"打破常规，敢于冒险"的理念指引下，他为这些公司成功策划了一个又一个的发展战略，最后，随着名声扩大，甚至可口可乐公司都来向他咨询，请他重新回公司工作。而对于那段不愉快的日子，可口可乐公司的总裁说了这样一段话："我们因为不能容忍错误而丧失了竞争力，其实，一个人只要运动就难免会有摔跟头的时候。"

一个人只要运动就难免栽跟头，一个决策的做出同样也难免会伴随着风险，因为没有人能够准确地预测未来，也没有谁能保证万无一失。去西天取经的风险有多大？驴不知道，马在去之前，他也不知道，所以对企业来说，与其煞费苦心地去预测那些未知风险会发生的概率，倒不如多花点精力去分析下，这个决策一旦执行，会对企业产生什么样的影响？企业能得到什么样的好处？又会引起什么样的坏处？并在此基础上做好应对准备，尽最大的努力，做最坏的打算。

王石在刚起步时，就做过一件很冒险的事情。当时，他在深圳做玉米生意，有媒体突然报道说，香港有关部门在鸡饲料里发现了致癌物质，让民众在食用鸡肉时小心点。这条报道出来后，没人敢吃鸡肉了，没人吃鸡肉，鸡就销不出去，鸡销不出去，鸡饲料也就难卖了，鸡饲料卖不出去，那些用来加工鸡饲料的玉米自然也就没工厂要了，这一危机让王石一夜间不仅损失了100多万元，甚至还欠下了70多万元的债务。就是在这种情况下，王石竟然还要去北方收购玉米，那些同行听说后，就劝他，你这不是找死吗？鸡都销不出去，你玉米能卖出去？别冒这个险！可是王石谁的话也没听，他只相信自己，他不相信玉米里会有致癌物，更不相信香港人从此不吃鸡肉了。堵着这口气，王石来到北方，将大连、天津、青岛等这些地方的玉米库存全给收购走了。当这批7000吨的玉米装船起运时，王石的内心也是相当忐忑的，他担心如果运到了深圳，香港人还是不吃鸡肉，那他真的只能跳海了。可峰回路转，老天还是给了他一条活路，在这些玉米被运到深圳的第二天，香港的那家报纸登出了一封致歉信，对错误地报道了鸡饲料中存在致癌物的行为进行了道歉。看着这条消息，王石的心情终于转阴为晴，因为这个时候手里有玉米的只有他一人，深圳所有的饲料厂都只能向他订货。正是靠着这一单生意赚的钱，王石成立了万科，也才有了今天的成功。

风险也并不像你想象的那么大！美国社会心理学家费斯汀格曾提出：生活中的10%是由发生在你身上的事情组成，而另外的90%则是由你对所发生的事情如何反应所决定。

换言之，生活中有10%的事情是我们无法掌控的，而另外的90%却是我们能掌控的。

对于这一论断，费斯汀格举了这样一个例子来论证：

有一次卡斯丁起床后洗漱，把手表放在了洗漱台边，妻子看到后怕水淋到手表，就又把手表放在了餐桌上。之后儿子过来拿面包，却不小心把手表碰到地上摔碎了。于是卡斯丁就打了儿子的屁股几下，并顺带连妻子也骂了一通。妻子本是好意却被卡斯丁这样骂，心里不服气，于是两人便斗起了嘴。

后来卡斯丁连早餐也没吃，就直接开车去了公司。半路上卡斯丁突然发现没拿办公包，于是便又返回了家。到了家他发现妻子已经上班去了，儿子也去了学校，而他的钥匙放在了办公包里，没办法，他只得打电话给妻子让她回来开门。

妻子接到电话就急急忙忙往家赶，因为心急她不小心撞翻了路边的水果摊。摊主拉住她不放，不得已她赔了一笔钱才摆脱。等卡斯丁拿到公文包后再赶往公司，结果迟到了十多分钟，上司严厉地批评了他一顿，这让卡斯丁的心情坏到了极点。因为心情不好，卡斯丁因为一件小事就和同事吵了起来。而他的妻子也因早退被扣除了当月的全勤奖，他的儿子这天要参加棒球赛，原本夺冠有望，却因为卡斯丁的责骂导致心情不好，结果发挥不佳在第一局就被淘汰了。

费斯汀格举的这个例子中，手表摔坏是那 10%发生在卡斯丁身上的事，后面一系列其他的状况，都是因为卡斯丁的反应而造成的。试想，如果卡斯丁在手表摔坏后，他能够换种态度，不是责骂儿子，而是安慰儿子，那么大家的心情就都不会变糟，也就不会有后面这一系列的糟糕事发生了。

心态好，一切都好！我们虽然不能控制风险的发生，但是可以通过控制自己的心态来降低风险波及的范围。

俗话说："屋漏偏逢连阴雨，行船又遇顶头风，"人倒霉的时候之所以会越来越倒霉，这其实都是心态的问题。人越害怕倒霉就会越倒霉，这在心理学上是有一定依据的，在现实生活中，我们常常听到有人抱怨：我怎么就这么倒霉？怎么天天这么多倒霉的事缠着我？其实如果你能有个好心态，那么就会大事化小，小事化了，一切问题也就迎刃而解了。

走在光滑的冰面上容易摔倒，是因为上面没有坎坷；船停泊在港湾里最安全，但那并不是造船的目的；一马平川的路最好走，但你永远都不会走上巅峰。不要做那个错失良机，望洋兴叹的人，一个人无论怕什么，都不应该害怕失败。害怕失败不应该成为企业不前进的理由，面对风险，我们既要正视，也不能去刻意制造恐慌，应对风险的未知，我们最重要的是，保持一种谦卑的心态，预先制定一些应对策略，来尽量减少风险带来的负面影响。如果风险担负得起，那就大胆执行。

在一个高速发展的社会里，不去冒险就是最大的风险！温水煮青蛙的道理大家都听说过，要想不坐以待毙，就得学会勇敢，去壮士断臂，去试验各种可能，这看上去是冒险，但实际上却是在降低你的风险。

从未经历过失败就意味着从未成功，没有跌倒过就意味着从未登顶。没有一粒种子在破土而出的时候，会去想遇到的是风雨还是阳光。不要去恐惧那些未知的风险，路都是一步一步走出来的，只要你敢于迈出脚步，那些困难和挫折就会被你踩在脚下，成为登上高峰的垫脚石！

第三节　为什么心静的人更能够成功

能耐得住寂寞的人，肯定是有思想的人；能忍受孤独的人，也肯定是有抱负的人。宁静致远，只有心静，才能到达远方。

一位俗家弟子上山拜师学佛，方丈让他日日打坐念佛，过了半年后，他渐渐有些坐不住了，于是便跑去问方丈："师父，您看凭我的资质还需要多少年可以开悟呢？"方丈回答他说："十年。"俗家弟子又问："要十年这么久吗？那如果我加倍苦修，又需要多久开悟呢？"方丈说："那要二十年。"俗家弟子听了很是疑惑，于是又问："方丈，那如果我日夜不休，只为禅修，又需要多久能开悟呢？"方丈回答他："那样你就永无开悟之日了。"俗家弟子听了越发惊讶了，怎么越勤修反而需要的时间越长了呢？方丈对他说："你只在意禅修的结果，又如何有时间来关注自己呢？"

欲速则不达，一个人如果只注重结果，得失心太重，就容易心浮气躁，而在心乱的情况下必然会导致方寸皆乱，失去对事物正确的判断力。"缓而图之，则为大利；急而成之，则为大害。"纵观古今，有很多的名人志士，他们原本是可以有所成就的，但最后却都是因为太急功近利而栽在了"快"的脚步上。例如，北宋的王安石，他的变法为什么最后会以失败而告终呢？深究其因，就是他这个人太激进。

客观来说，王安石变法的初衷都是为国为民的，他的思想非常先进，但因为在执行的过程中用力过猛，导致很多影响变革的因素被忽视了，如只用了十多年，他就将十多项政策全部在全国铺开，这种大刀阔斧的做法远远超出了北宋当时的物质和思想两方面的承受能力，因而最终导致变法演变成了腐败之流的温床，惹得天怒人怨。王安石变法不仅没成功，反而还加速了北宋的灭亡。

在信息泛滥的今天，敢于静下心来"闭门造车"是一种勇气，更是一种自信和远见！

即使再清澈的水，如果在一个杯子里不停地摇晃，它都不会清澈；即使再浑浊的水，如果静静地放着，也自然会变得清澈。我们的心也是如此，事业更是如此，如果你没有给它时间去沉淀，而总是摇晃不停，那它就会处在一种浑浊的状态。

孤独，也是一种美。独处，是一种智慧的沉淀，能力的体现。一个人，寻一处清幽静谧的地方，静心思索，倾听内心的声音，与自己好好相处，在寂寞中体验一份美好的生活，精神上收获的是一种充实。独处，才能使人内心强大和丰富。生活中，有很多这样的人，穿梭于灯红酒绿买醉却不愿意停下来思考。

因急功近利导致失败的当代企业，凡客诚品可以说是一个典型的案例。这家成立于 2007 年的公司，曾因为"凡客体"的火爆，让它一度成为了"快公司"的标杆，2010 年凡客诚品的年总销售额曾创下了超 20 亿元的奇迹；但也因为"凡客体"的火爆，让凡客诚品的创始人陈年冲昏了头脑，在没有一个很清晰的规划下，他给 2011 年的销售额定下了 100 亿元的超高指标。

这显然是一个不可能完成的指标，因为服装并不是一个高消耗品。但陈年已经失去了理智，为了完成这一目标，凡客诚品开始拼命地砸钱做广告、拼命地扩张公司人员、拼命地扩大品类，整个公司从上到下都充斥着一种大干快上的浮躁心态。但结果呢？在高速扩张中，凡客诚品开始出现明显的管理漏洞，库存大量积压、产品质量下降、员工心态浮躁，就连做广告花出去的银子也像扔进了无底洞一样不见什么水花。后来陈年终于清醒了过来，但却为时晚矣，这时候淘宝和京东趁机做了起来，而凡客诚品却陷入危机。这一重创让他错失了 B2C 的黄金年，之后凡客诚品便开始走向了没落。

《道德经》第十五章中有这么一句话："孰能浊以止，静之徐清？孰能安以久，动之徐生？"意思是，谁能像浑浊的水流一样停止流动，安静下来慢慢变得澄清？谁能像草木那样保持长时的静寂，却萌动生机而不息？这两句话充分诠释了慢即是快，静即是动的人生哲理。而综观现在的企业家，孰能呢？可能非"玻璃大王"曹德旺莫属。

曹德旺是福耀玻璃的创始人，在他的率领下，福耀玻璃从一个默默无闻的小厂一跃发展成了中国销量第一、全球销量第二的大企业。曹德旺能够取得如此成就，和他的心态有关。在一次接受媒体采访时，记者问他："平时看书吗?"曹德旺说："看，每天都会抽一两个小时的时间来看书。"可见，曹德旺在管理企业的同时，依然注重自我修养，倘若不是有一颗平静心，是很难静下心来读书的。而多年的读书习惯也开阔了他的思维空间，造就了他对企业经营的深度思考。

上善若水，水善利万物而不争。在如火如荼的商业时代，曹德旺的为人处世风格就像水一样，无论什么时代，他都能保持心静，都能认清自身的定位，不会因为一时市场的风向而改变自己。大浪淘沙，我自岿然不动，这本身就是一种成功。

有人说，华为的发展史，就是任正非的奋斗史；华为的成功之道，就是任正非的"非常道"。

任正非是在不惑之年才开始创业的，在创办华为之前，早年任正非当过兵，被国企除过名，在失业后，妻子也和他离婚了，人生跌到了低谷。面对这些危机，已经是不惑之年的任正非没时间去伤感，为了养家糊口，任正非找朋友借了两万多元在深圳注册成立了华为技术有限公司。

从 1987 年创业到现在，任正非率领着华为，一步一个脚印，经过 30 多年的艰苦奋斗，华为终于从一个小作坊发展成了全球通信行业的领头羊。

60 年一甲子，30 年一轮回，华为用漫长的岁月谱写出了最长情的告白。在追求成功的路上，我们都应当像华为一样，让自己的脚步慢下来，用时间去打磨产品。只有慢下来，我们才会有时间去反思，也只有静下来，我们才不会迷失心智，把内心看得更清楚。

人要赚钱，就要首先让自己值钱。在这个高房价、高生活压力的社会背景下，有太多的人想一夜暴富，可是赚钱这件事情，我们真的急不得。想赚多少钱，很大程度上取决于你自身的"身价"，你自己值多少钱，别人就会给你多少钱。这就像一个大专生不如一个本科生工资高，一个本科生不如一个博士生工资高一样。可能有人会说，学历不能决定工资，关键还是看能力。这句话也没错，但是你有没有想过，能力和学历一样，都是需要花时间去培养的？

赚钱的事和值钱的事，有时候真的不一样。在《穷爸爸和富爸爸》这本书里，有这么一个故事：

有个村庄为了让村民喝上水，于是就雇用了两个年轻人给这个村庄供水。第一个年轻人马上就买了两个大水桶，每日奔波在河流和村庄之间为村民们挑水，于是他很快赚到了钱。

而第二个年轻人，在接受了雇用后，却花了两个月的时间在村庄和河流之间修建了一套供水系统。

当水从水龙头流出来的那一刻，第一个年轻人就被村民解雇了。

这就是赚钱和值钱的差距。一个真正能赚到大钱的人，关注点从来都不会在钱上，而是在自己身上。当一个人不再向外索求，而是注重自己内心的修炼时，他就会成长。与成长相比，一时的赚钱真的没那么重要。

有钱人不一定值钱，但值钱的人早晚都会赚到钱。无论做什么行业，都别先惦记着赚钱，要先学会让自己值钱，只惦记赚钱的人会被公司鄙视，而值钱的人则会被公司仰视。

长辈经常教导我们，年轻人要多历练，其实就是让我们长经验，开眼界。每一个眼界宽广的人都懂得，人生中的某些阶段是用来成长的。给大家讲个故事希望能有所开悟：某公司有个员工经常抱怨自己怀才不遇，老板听到后就往地上吐了一口痰，对这个员工说，你把这口痰给我捡起来。这个员工一听面露难色，说，这个我做不到。老板又往地上扔了100块钱，继续让员工捡。员工迅速捡了起来。

老板语重心长地对他说：年轻人，别以为你是怀才不遇，你自己是口痰，没人能捡得起来，也没有人愿意捡，甚至还会踩你两脚。但是如果你是真金白银，是真材实料，别人都会抢着要你。

切忌求快，罗马不是一天建成的，而这个世界上也从来没有什么怀才不遇，没有什么捷径可走。人生的本质就是一场修行，任何时候，我们都不应该做自己情绪的奴隶，而应该反过来控制情绪，让自己心静。无论情况多么糟糕，驾驭情绪就能支配你的环境，控制情绪就能掌控你的命运。

第四节　从"心"追求，不让贫穷导致稀缺思维

BBC 纪录片《人生七年》用 49 年跟踪了一群不同

阶层的孩子，最后揭露了一个残酷事实：穷人的孩子绝大部分仍然是穷人，富人的孩子绝大部分仍然是富人，阶层也是遗传的。

为什么穷人很难摆脱贫穷呢？

香水，95%都是水，只有5%不同，那是各家的秘方。穷人和富人也是这样，95%的东西基本相似，最关键的5%都在脑子里面，包括：思维、格局、眼界、认知。所以穷人想变富人，富人想变贵人，首先要从思维开始转变。思维不变，所学的一切策略方法都是表层，不能从根本上改变。

十年前，美国一位经济学家和一位心理学家一起研究了十年，他俩终于找到这个问题的根源。穷人无法摆脱贫穷的罪魁是——稀缺思维。

何谓稀缺思维？

就是指在稀缺状态下的思维和行为方式。

你缺什么，这种所缺乏的东西就会在潜意识里牢牢俘获你的注意力，并改变你的思维方式，影响你的决策和行为方式。

比如，你原本想好好挑选一份适合自己的工作，不想再走弯路了，但在缺钱的压力下（如下个星期就要付房租），你会随便选择一份工作（如兼职外卖）。

尽管这份工作并不适合你，但可以解燃眉之急。相反，不缺钱的人，则会花时间认真挑选一份适合自己的好工作。

穆来纳森说："人们的视野会因稀缺思维变得狭窄，形成管窥之见，即只能通过'管子'的孔洞看清少量物体，而无视管外的一切。"

陷入稀缺思维的人根本没有多余的心智来思考、辨别，因为他的心智都被因稀缺而越发凸显的欲望、企图所蒙蔽了。

如何才能跳出贫穷导致的稀缺思维？

就要采用目标导向的方法：首先要确定好目标，然后从目标出发，反向推演，倒推资源配置，倒推时间分配、战略战术、方法手段……

目标导向的核心是不研究现有的条件能达到什么目标，而是重点研究要达到目标需要什么条件和采取何种路径：

如果条件具备，就开始执行。

如果条件不具备，研究能否采用新的路径方法来实现目标。

现有条件的瓶颈和制约在哪里，缺什么就想办法补充什么，把执行过程中遇到的困难和问题作为目标去实现，一个难题一个难题地解决，一个问题一个问题地回答，犹如吃洋葱，一层一层地剥离，当所有的难题都解决了之后，整个大目标也就实现了。

某财经专栏作家讲过一件趣事：几年前，他老婆想买一套学区房。他一算存款，连首付都不够。于是建议：攒点钱再说吧！

当然，最后胳膊没能拧过大腿，老婆东挪西借，硬是把首付给付了。结果才过两年，房价就翻了倍。他高兴得不得了："幸好买了。"

论理财能力，他远在老婆之上。

"我有十几年投资经验，再复杂的金融工具，我也一清二楚，而她连买个银行理财产品还要问人家保不保本。"财经专栏作家说。

但这件事，他一开始就陷入了稀缺思维。"我没有思考学区房是不是一个必需而且合理的目标，而是首先考虑钱够不够。"

这就是穷人和富人的区别：穷人的特点是量入为出，富人的特点是顺瓜摸藤，目标导向。

极
限
思
考
：
开
启
财
富
破
局
思
维

穷人买房首先考虑：我存款有多少，月收入多少，再推算自己该不该买房，买什么房。富人买房首先考虑：我要不要买房，想买什么房？然后再算，还差多少，怎么解决。

创业也是一样，你应该先确定是不是一定要干那个事，如果确定自己一定要干，钱不够去借钱，找人投资，找人众筹！

特别忙和特别穷的人有一个共同点，那就是会过多地将注意力花在追逐稀缺资源上，从而引起认知和判断力的全面下降。简单来说：就是太忙、太穷，人会变傻！

为什么太忙、太穷会变傻？

在资源（钱、时间、有效信息）长期匮乏的状态下，对稀缺资源的追逐已经占据了这些人的注意力，以至于让他们忽视了更重要、更有价值的因素，从而造成心理上的过度焦虑和资源管理的困难。也就是说，当你特别穷或特别忙的时候，人的智力和判断力都会全面下降，导致进一步失败。（你就不会思考了！）研究进一步解释，长期的资源稀缺会造成"稀缺头脑模式"（穷人思维定势），导致失去决策所需的心力——

"带宽"。

一个穷人，为了满足生活所需，不得不精打细算，最终没有多余的"带宽"来考虑投资和发展等大事；一个过度忙碌的人，为了赶任务，不得不疲于救火，而没有多余的"带宽"去思考更长远的发展。

第五节　你穷尽一生，寻找"灵魂伴侣"原来是一场骗局

我们从小就被灌输这样的理念："寻找灵魂伴侣""寻找我们人生的另一半"。无论是影视剧，还是名人访谈，都在说：没有寻找到灵魂伴侣，你的人生是不完整的，是不幸福的。

无论我们所受的教育，还是所处的环境，仿佛都在强调，我们为了获得幸福，唯一的方法就是去"寻找灵魂伴侣"。否则，你注定是孤独的，而且必将孤独终生。

实际情况真是如此吗？

不是。

现实情况往往是：没有"灵魂伴侣"，不是孤独与不幸的借口。世界上 90% 以上的人并没有找到灵魂相契的伴侣，却依然可以和睦圆满，白头偕老。

一旦组建家庭，影响幸福指数的不仅有伴侣的体己相伴，还有孩子的成长、父母的赡养、工作的职责、社会的责任等，即便像周星驰在电影《算死草》里把"我很孤独"误说成"I Love You"，却依然只会维护这个家的完整。

而那些言必提及"灵魂伴侣"的，有多少人把"灵魂伴侣"当成逃离现实的借口了？又有多少人因为寻找"灵魂伴侣"，而发生婚外情了呢？

也许，你确实遇到过这样的人，和他们刚一开口聊天就相见恨晚，惺惺相惜，甚至怦然心动。

排除别有用心，处心积虑讨好你的人，这种"相见恨晚，惺惺相惜"其实就是一种降维打击。

人的智商和情商都是分段位的。如果你的情商、智商在她之上，你会很容易体谅她的种种境遇和难言之隐。于是她很快就产生了"遇到知己"的感觉，而她对你来说，只不过是你的一种居高临下的穿透性。同样的逻辑，如果你的智商、情商都在遇到的这个人之下，他就会很容易读懂你的内心，然后附和你的感觉，让你感到舒畅无比，燃起种种幻想。而实际上，那只不过是他的包容性。这就叫人的"向下兼容"性。如生活中常见的，小孩子喜欢和比他大的孩子玩，因为比他大的孩子能理解他，能让着他，与他相处会很融洽。反之亦然。

理论上如果两个人的段位都处于同一个层次，这种情况是比较可能出现"灵魂伴侣"的。但是，实际情况是，你们处于势均力敌的状态，你们是在默默地较量，这时你们各自说服不了对方，你们都在拿捏对方说的究竟对不对，因此分不出高下，你们双方都不会有那种瞬间被对方理解的感觉……

所以，我们寻找匹配的"灵魂伴侣"，其实是非常困难的，甚至在现实中是不可实现的。为什么？

第一，想要相处得舒服，要让另一半懂我们，就需要寻找一个段位比我们更高的人。

第二，相处一段时间，我们在成长、在学习，而另一半却在原地踏步，当我们跟上另一半的成长时，我们就势均力敌了，就开始相互较量，谁也不服谁了。有没有发现，刚相处的男朋友或女朋友特别善解人意特别听话，相处一段时间，就变得有主见，开始与自己唱反调了？

第三，相处一段时间，我们在成长、在学习，而另一半也在成长、在学习。另一半永远高我们一等，相处一段时间后，所谓"灵魂伴侣"的那些人，他们大多数人产生思想空虚，也就是你的灵魂安放在他身上了，可他的灵魂却无从安放。举个不恰当的例子，小孩在哭闹，大人一直在哄。大人觉得哄了这么久，小孩太不懂事了，有点烦了。小孩觉得，我哭闹就是让你关注我、关心我，怎么现在这么一点耐心都没了，我现在还真的是你的心头肉吗？

人总是喜欢被美好包围的感觉，我们每个人都是这样：宁可被居高临下地穿透，宁可在虚幻的美好里沉溺，也不愿意接纳现实中真正的同频共振。

《唐伯虎点秋香》是一部妙趣横生的电影，借用它的主旨，正好可以说明寻找"灵魂伴侣"的现实与否。唐伯虎坐拥七位娇妻，却依然苦闷孤独，踏上了寻找"灵魂伴侣"的征途，并寻到了真正识他懂他的秋香，在历尽千难万苦之后，终于与之成亲。大喜之夜，众人怂恿唐伯虎亲秋香一口，唐伯虎愣神之间，秋香突然变色，要他先划拳，并责问他麻将骰子总该会吧？
此剧结束。

唐伯虎正是嫌恶七位娘子不务正业，嗜赌成性，才要寻找自己的"灵魂伴侣"。这七位娘子难不成都是原来的秋香，而现在的秋香难不成会成为后来的七位娘子那般模样？

这就是人生，兜兜转转，其实回到了原点。

我们生来就不完整，但是我们可以把自己变得完整，而不是把这种完整寄托在另一个人身上，不是让另一个人来补充或完善我们。

生活就是一场修行，我们必须有一种直面自己、自我蜕变的勇气，让自己变好的勇气。活在当下，内心无缺是修行的最高境界。否则，无论你换多少个伴侣，命运都是一样纠结。最终，你会发现，幸福是你一个人的事情，和外界毫无关系。

参考文献

［美］伊丽莎白·哈斯·埃德莎姆：《德鲁克的最后忠告》，机械工业出版社，2012年版。

［美］罗伯特·B.西奥迪尼：《影响力（经典版）》，北京联合出版公司，2016年版。

［美］丹尼尔·卡尼曼：《思考，快与慢》，中信出版社，2012年版。

［美］莫琳·希凯：《深度思考》，江苏凤凰文艺出版社，2018年版。

叶修：《深度思维》，天地出版社，2018年版。